Flechten

Otto Maier Verlag Ravensburg

Deutsche Übersetzung: Ruth Lachenmann
Umschlaggestaltung: Manfred Burggraf
Printed in England

ISBN 3-473-42456-0

CIP-Kurztitelaufnahme der Deutschen Bibliothek

Flechten. – Ravensburg: Maier, 1977.
  Einheitssacht.: Cane, rush and straw ⟨dt.⟩
  ISBN 3-473-42456-0
NE: EST

Inhalt

Einleitung

Als Ausgleich zu dem immer stärker werdenden Druck unter dem wir heute stehen, wenden sich viele Leute wieder den Ruhe ausstrahlenden ländlichen, handwerklichen Gegenständen zu, wie es Kiefernholzmöbel, handgewebte Stoffe, Körbe und Matten aus Peddigrohr und Binsen sind. Sie schmücken ihre Wohnung mit kleinen Puppen aus Maisblättern und versuchen so, eine Verbindung zwischen städtischem und ländlichem Leben zu schaffen. Noch wichtiger aber ist, daß wieder großes Interesse besteht, die alten Handwerkstechniken zu lernen, um nicht vom Handel abhängig zu sein. Viele Menschen wollen aus eigener Kraft zu den Wurzeln unseres handwerklichen Erbes zurückkehren. Dieses Buch führt Sie in die Korbflechtkunst, in die Arbeit mit Binsen und in die alte Kunst des Strohflechtens ein. Der Anfänger wird Schritt für Schritt geführt. Er beginnt bei den Grundtechniken und geht dann weiter zu komplizierteren Geflechten und Formen. Klare, knappe Instruktionen, übersichtliche Zeichnungen und viele Fotografien helfen Ihnen, aus schönem Material schöne Gegenstände herzustellen. Sie können zwar Peddigrohr, Binsen und Stroh kaufen, aber Sie können auch Blumen wie Iris und Montbretie aus dem Garten verwenden. Vielleicht kennen Sie sogar einen Fluß oder einen Teich, an dem Binsen wachsen.

Sie werden auch an der Vielfalt der Gegenstände Freude haben. Es gibt Körbe aus Binsen oder Peddigrohr zum Einkaufen und für Picknicks, Tischmatten, Flaschenkörbe und sogar hübsche Binsenhüte. Sie können auch lernen, wie man Stuhlsitze aus Peddigrohr und Binsen flicht, oder vielleicht möchten Sie ein hübsches Bettgestell herstellen. Jeder mag Kornpuppen; verschenken Sie sie.

Sie werden merken, wieviel Spaß es macht, kreativ zu arbeiten und auch die spannungslosere Seite des Lebens kennenzulernen.

Peddigrohr

Die moderne Korbflechtkunst

Korbflechten ist eine der ältesten Handfertigkeiten, die in aller Welt für die unterschiedlichsten Zwecke ausgeübt wurde. Schauen wir uns unsere Umgebung an, können wir fasziniert feststellen, wie diese alten Handwerkstechniken heute noch angewandt werden. Wenn Sie das nächste Mal eine junge Mutter sehen, die ihren Sprößling in einem modernen Moseskorb trägt, dann bedenken Sie, daß sie damit eine Tradition des Kindertransports fortsetzt, die schon lange existierte, als der kleine Moses in einem Binsenkorb am Nil ausgesetzt wurde. Trotz technischen Fortschritts und der Entwicklung synthetischer Materialien hat man heute wieder viel Interesse an den natürlichen Gegenständen des traditionellen und bäuerlichen Handwerks. Am sympathischsten sind uns heute Haushalte mit einer gewissen ländlichen Atmosphäre. Diese Richtung wurde aber eher vom Verbraucher als von den Designern eingeschlagen. Es scheint, daß viele Leute einen echten Peddigrohr- oder Binsenkorb wegen seines Aussehens, seiner Struktur und Farbe einer Einkaufstasche aus Kunstleder oder Plastik vorziehen. Selbst die Behauptung, daß synthetische Gegenstände länger hielten und deshalb praktischer seien, ändert an diesem Trend nichts. Tatsächlich halten Gegenstände aus Peddigrohr oder Binsen auch jahrelang, wenn man sie sachgemäß behandelt. Durch den Wunsch, wieder mit bäuerlichen handgearbeiteten Gegenständen zu leben, bekam die Innendekoration eine ganz neue Dimension. Die klare Eleganz von Korbstühlen, die Harmonie von Binsenmatten und die schöne Struktur geflochtener Körbe schaffen eine entspannte Atmosphäre, die man in unserer hektischen Welt dringend braucht. Sogar in Stadtwohnungen findet man zum Beispiel oft eine hübsche Puppe aus Maisblättern, ein Symbol des Landlebens und der Ernte, das sich mit dem Großstadtleben verbindet. Wenn wir das Gleichgewicht zwischen der Vergangenheit und der Gegenwart wiederherstellen wollen, entdecken wir vergessene Freuden, indem wir Techniken wie das Korbflechten erlernen. Unsere Befriedigung kommt nicht nur daher, daß wir eine neue Freizeitbeschäftigung entdecken, sondern wir empfinden auch eine reine Freude, weil wir kreativ mit schönen Materialien arbeiten. Die Ergebnisse sind echte Handwerkserzeugnisse von schöner Beschaffenheit, die unser Leben menschlicher machen.

Das Korbflechten

Die allgemein benötigten Werkzeuge und Materialien sind Peddigrohr, ein Korbmacherpfriem, eine Gartenschere (oben) und ein Seitenschneider (unten).

Peddigrohr ist das Mark einer Kletterpalme aus der Familie der Rotang, die lianenartige Kletterpflanzen sind und in Südostasien wachsen. Die Ranken werden enorm lang und haben scharfe Stacheln. Die äußere Schicht wird abgeschält und fortgeworfen, während die Rinde für Stuhlsitze und zur Verkleidung von Handgriffen verwendet wird. Das Mark wird zu den verschiedenen Stärken von 000 (1 mm) bis 16 (5 mm) abgehobelt. Es gibt aber auch noch Stärken bis zu 8 und 10 mm.

Es werden verschiedene Qualitäten angeboten, die alle naturfarben sind. Das beste Peddigrohr wird mit einem blauen Faden gebündelt, die mittlere Sorte mit rotem und die billigste Sorte mit schwarzem. Um das Flechtwerk farbiger und interessanter zu gestalten, kann man Seegras, Stroh, Raffiabast oder lackiertes Peddigrohr mitverarbeiten.

Und: Man kann eine fertige Arbeit färben. Das heißt, daß man das Peddigrohr mit Holzbeize dunkler machen kann. Auf Lack sollte man verzichten, denn Lackierungen brechen früher oder später.

Die Vorbereitung

Peddigrohr muß vor der Arbeit etwa 30 Minuten in heißem Wasser eingeweicht werden. Wenn Sie etwas Übung bekommen haben, werden Sie die Einweichzeit abschätzen können. Trocknet das Rohr während der Arbeit, so müssen Sie es erneut einweichen. Peddigrohr darf jedoch nie im feuchten Zustand luftdicht verpackt werden; es würde schimmeln.

Die Werkzeuge

Werkzeuge und Zubehör sind billig. Manches kann man selber machen oder improvisieren.

Ein Seitenschneider ist nützlich, aber eine Gartenschere geht auch.

Ein Korbmacherpfriem ist notwendig zum Auseinanderschieben der Staken, zum Regulieren der Fäden und zum Aufschlitzen des Rohrs. Stattdessen kann man aber auch einen geschärften Schraubenzieher oder eine mittelstarke Stricknadel benutzen. Ein Zentimetermaß.

Mit Wäscheklammern kann man die Arbeit zeitweilig in Form halten.

Die Techniken

Man kann einen Korb auf viele verschiedene Arten beginnen. Für den Anfang können Sie einen Boden aus Kunststoff oder Holz nehmen, der mit Löchern versehen ist. Sie können jegliche Art von Boden nehmen, er muß nur eine ungerade Anzahl von Löchern haben. Da jedoch solche Böden die Gestaltungsmöglichkeiten einschränken, sollten Sie sie nur verwenden, um mit den Materialien vertraut zu werden. Die Löcher dieser Böden sind oft nicht groß genug, um dickes Peddigrohr zu befestigen, deshalb können Sie auf diese Art keine großen robusten Körbe machen. Durch die Böden werden die Körbe außerdem schwer. An dem gezeigten Picknickkorb können Sie jedoch die Grundtechniken lernen.

Diese Körbe haben einen Boden aus Sperrholz oder kunststoffbeschichtetem Preßholz. Der größere ist ideal für Picknicks, der kleinere ist gerade richtig für ein Kind.

Sie brauchen für die Picknickkörbe:
230 g Peddigrohr Nr. 8 (3 mm),
120 g Peddigrohr Nr. 5 (2,5 mm),
3 m Henkelpeddigrohr Nr. 5,
5 m geschmeidiges Wickelrohr
oder 7,5 m Stuhlflechtrohr,
1 m lackiertes Rohr (wenn gewünscht),
60 g Seegras (wenn gewünscht),
1 länglichen Sperrholz- oder
Plastikboden in der Größe 15 × 41 cm mit
49 Löchern,
Seitenschneider oder Gartenschere, Pfriem
oder mittelstarke Stricknadel

1. *Der untere Rand*
2. *Der Anfang der Kimme*
3. *Der Anfang zu einem Schritt aufwärts*
4. *Das erste Stadium des Schrittes nach oben*
5. *Der Schritt aufwärts ist beendet*
6. *Beim Kimmen einen Faden ansetzen*
7. *Das Ende der Kimme*
8. *Das nächste Stadium beim Abschließen der Kimme*
9. *Die fertige Kimme, bevor die Enden abgeschnitten wurden*

Der Picknickkorb

Dieser starke Korb wird jahrelang halten. Er kann zwei Flaschen und eine Brotdose aufnehmen.

Weichen Sie das Peddigrohr 30 Minuten in heißem Wasser ein. Für das Gerippe müssen Sie 49 »Staken«, so der Fachausdruck, aus Peddigrohr der Stärke Nr. 8 (3 mm) von 52 cm Länge in die Löcher des Bodens stecken. Auf der Unterseite müssen die Staken 10 cm herausstehen. Wenn das Peddigrohr schwer durch die Löcher geht, können Sie diese mit dem Pfriem erweitern. Da Peddigrohr beim Einweichen aufquillt, können Sie die Staken auch vor dem Einweichen einführen und erst danach einweichen.

Um den unteren Rand zu flechten, müssen Sie den Boden mit der Oberseite zu sich hin halten und die kurzen Stakenenden von sich fort. Führen Sie ein Stakenende nach rechts hinter die nächste Stake und wieder nach vorn. Legen Sie sie dann vorne an den nächsten beiden Staken vorbei und stecken Sie sie durch den folgenden Zwischenraum wieder nach hinten (Abb. 1). Wiederholen Sie das mit jeder folgenden Stake. Eine kleine Hilfe ist der Spruch »Hinter 1, vor 2 und zurückstecken«. Am Ende der Runde müssen Sie die Staken in Staken flechten, die schon heruntergebogen sind. Vielleicht müssen Sie diese Staken etwas anheben, um die anderen darunter zu bekommen. Wenn alles verflochten ist, prüfen Sie kurz jede Stake, ob sie fest und waagerecht sitzt. Jetzt können Sie den Korb richtig herum auf den Tisch stellen, legen Sie ein Gewicht (Stein oder Bügeleisen) in ihn, Sie können ihn dann bei der Arbeit besser halten und ihm die Form geben, die Sie möchten. Jetzt müssen Sie »kimmen«. Kimmen ist eine besonders feste Flechtart, die man am unteren und oberen Rand eines Korbes anwendet. Wenn ein Korb seine Form zu verlieren droht, sollte man auch eine Runde kimmen. Man kann mit drei, vier, fünf oder sechs Flechtfäden kimmen. Wir verwenden hier drei Fäden. Legen Sie drei Fadenenden Nr. 5 (2,5 mm) der Reihe nach in je einen Zwischenraum. Markieren Sie die links davon befindliche Stake durch ein Bändchen. Jeder Flechtfaden geht nun der Reihe nach rechts herum (Sie beginnen mit dem linken Faden) vor zwei Staken über die beiden anderen Fäden hinter der dritten Stake wieder nach vorn (Abb. 2). Wiederholen Sie das mit den anderen Fäden, und machen Sie auf diese Weise eine Runde bis zu der markierten Stelle (Abb. 3).

Jetzt müssen Sie einen Schritt aufwärts tun. Machen Sie das nicht, dann springt die Arbeit auf und wird spiralig, statt den gewünschten Strangeffekt zu bilden. Diesen Schritt aufwärts müssen Sie in jeder Runde an derselben Stelle machen, und dann müssen Sie weiterflechten, wie Sie begonnen haben. Legen Sie den rechten Faden vor zwei, hinter eine und wieder nach vorn (Abb. 4). Legen Sie den mittleren Faden vor zwei und hinter eine. Legen Sie den linken vor zwei und hinter eine (Abb. 5). Jetzt müssen die Fäden aus denselben drei Zwischenräumen herauskommen, wie am Anfang. Machen Sie wieder eine Runde bis zur markierten Stake,

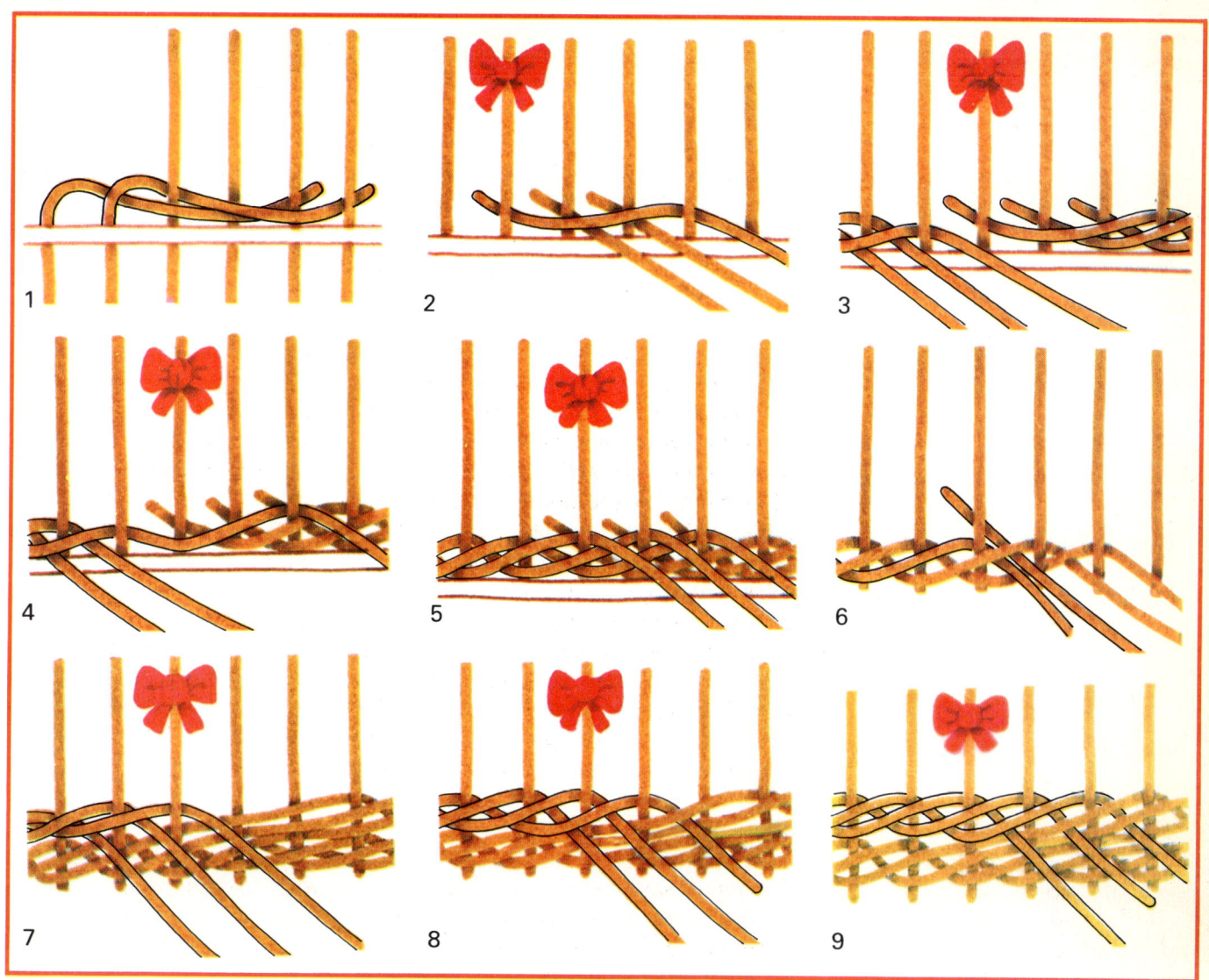

und steigen Sie dann einen Schritt auf. Kimmen Sie fünf Runden auf diese Art und setzen Sie, wenn nötig, einen neuen Faden an.

Das Ansetzen des Fadens: Setzen Sie an, wenn der zu Ende gehende Faden links von den anderen Fäden ist. Ziehen Sie den alten Faden leicht nach hinten, und führen Sie den neuen Faden in das rechts daneben liegende Loch. So liegen der alte und der neue Faden nebeneinander; das Ende des alten Fadens ist auf der Vorderseite, das Ende des neuen Fadens auf der Innenseite des Korbes (Abb. 6). Die Enden werden später abgeschnitten. Um die fünf Runden Kimmen zu beenden, müssen Sie den linken Faden (diesmal nicht den rechten) vor zwei, hinter eine und wieder nach vorn legen. Das heißt, daß der Faden um die markierte

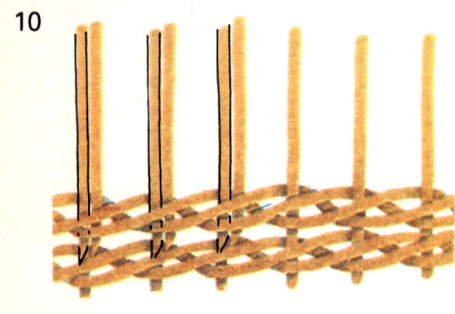

10

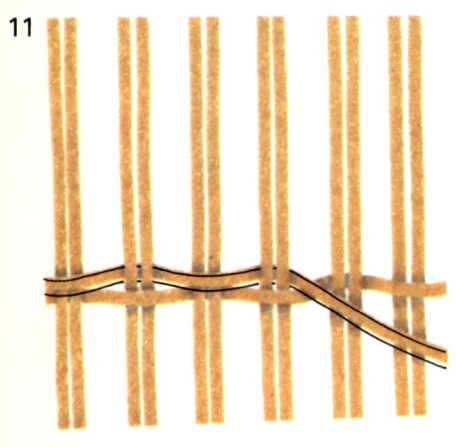

11

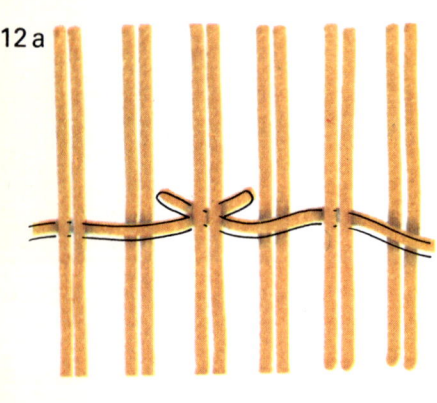

12 a

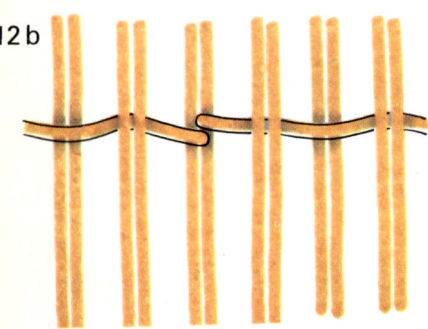

12 b

Stake geführt wird. Schneiden Sie den Faden etwa 8 cm lang ab (Abb. 7). Nehmen Sie jetzt den nächsten linken Faden, legen Sie ihn vor zwei, hinter eine und dann wieder nach vorn, führen Sie ihn aber dabei unter dem obersten Faden der letzten Runde durch (Abb. 8). Schneiden Sie ihn ab. Legen Sie jetzt den letzten Faden vor zwei und hinter eine und dann nach vorn unter den zwei obersten Fäden der letzten Runde durch (Abb. 9). Schneiden Sie ihn dann ab.

Zusätzliche Staken neben den Hauptstaken machen den Korb kräftiger. Schneiden Sie für jede Stake eine Zusatzstake aus Peddigrohr Nr. 8 (3 mm). Sie muß 41 cm lang sein. Spitzen Sie sie auf einer Seite an, und stecken Sie sie in die Kimme, jeweils rechts der Hauptstake. Sie muß immer mit dieser im selben Loch stecken. Bohren Sie mit dem Pfriem einen Eingang für sie (Abb. 10).

Das »Zäunen« ist eine sparsame und schnelle Flechtart. Es ist sehr einfach, und man benutzt nur einen Faden. Nehmen Sie einen Faden Peddigrohr Nr. 5 (2,5 mm), beginnen Sie an einem beliebigen Zwischenraum, und flechten Sie nach rechts vor ein Paar und hinter das nächste Paar. Flechten Sie so die ganze Runde. Beim Zäunen müssen Sie keinen Schritt aufwärts machen (Abb. 11), weil Sie nur einen Faden haben.

Das Formen. Sie müssen sich auf das Formen konzentrieren. Immer wenn ein Faden vor eine Stake gelegt wird, müssen Sie diese Stake mit dem Daumen und Zeigefinger der linken Hand halten. Wenn Sie möchten, daß die Seitenwände des Korbes steil aufwärts gehen, dann müssen Sie die Stake genau senkrecht halten. Wenn Sie einen neuen Faden ansetzen, müssen Sie den alten hinter einer Stake lassen und den neuen hinter dieselbe Stake legen (Abb. 12 a). Die Enden werden erst abgeschnitten, wenn die Arbeit fertig und ganz getrocknet ist (Abb. 12 b).

Zäunen Sie 9 cm hoch, lassen Sie die Wände dabei gerade aufsteigen. Kimmen Sie dann wieder drei Runden mit Peddigrohr Nr. 5 (2,5 mm). Steigen Sie jedesmal einen Schritt auf, wie wir es schon erklärt – wie Sie es also schon kennengelernt haben.

Vorbereitung der Henkel. Beginnen Sie jetzt, Platz für die Henkel zu schaffen. Schneiden Sie vier 23 cm lange Enden eines sehr dicken Rohrs zurecht. Spitzen Sie je ein Ende an. Peddigrohr spitzt man an, indem man zwei aufeinanderfolgende Viertel des Rohrs beschneidet (Abb. 13). Die Schnittflächen können jede Länge haben; in diesem Fall sollten sie 5 cm betragen.

Stecken Sie diese vier Einsatzstücke in den Rand des Korbes neben den vier Staken, wo Sie die Henkel haben wollen. Lassen Sie auf jeder Seite acht Staken Zwischenraum zwischen den Einsatzstücken. Flechten Sie weiter, nun um die Staken und Einsatzstücke herum, um so Löcher für die richtigen Henkel zu schaffen. Zäunen Sie 2,5 cm hoch mit Seegras. Sie können auch flaches Rohr, Raffiabast oder Peddigrohr Nr. 5 (2,5 mm) nehmen. Kimmen Sie drei Runden mit Peddigrohr Nr. 5. Zäunen Sie 2,5 cm hoch mit Seegras. Kimmen Sie drei Runden mit Peddigrohr Nr. 5.

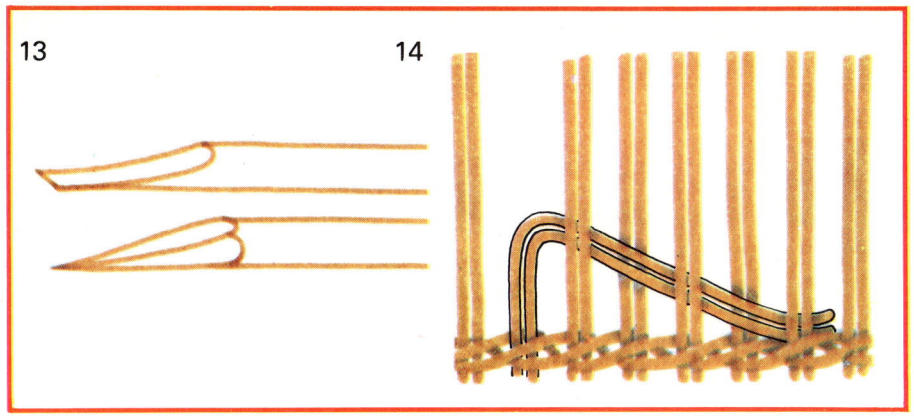

Auf der gegenüberliegenden Seite werden die weiteren Stadien des unteren Randes gezeigt
10. Das Einstecken der Zusatzstaken
11. Zäunen
12a Vorderansicht eines neuangesetzten Fadens beim Zäunen
12b Rückenansicht. Die Fäden sind schon zurückgeschnitten
13. Das Anspitzen mit zwei Schnitten
14. Der Anfang eines Einschlagrandes

Madeirarand oder gezogener Einschlagrand. Der Korb wird mit einem Madeirarand beendet. Weichen Sie die Staken, wenn nötig noch einmal ein, und beginnen Sie mit einer beliebigen Stake, die wir dann die erste Stake nennen, die nächste rechts die zweite und so weiter. Biegen Sie die erste Stake und ihre Zusatzstake 4 cm über der Kimme scharf nach rechts. Legen Sie dieses Paar hinter das zweite Paar, vor das dritte Paar, hinter das vierte, vor das fünfte, und stecken Sie es hinter dem sechsten nach innen (Abb. 14).

Biegen Sie jetzt das zweite Paar; der Knick muß in derselben Höhe wie beim ersten Paar sein. Wiederholen Sie den Flechtvorgang vom ersten Paar, und stecken Sie das zweite Paar hinter das siebte Paar.

Wiederholen Sie das nacheinander mit jedem Paar, und beenden Sie den Vorgang immer auf die gleiche Weise, wobei Sie die letzten Stakenpaare vor und hinter Staken führen müssen, die bereits heruntergebogen sind. Achten Sie darauf, daß die gewünschte Ordnung eingehalten wird. Flechten Sie gleichzeitig vor und hinter die Henkeleinsatzstücke und die dazugehörigen Staken, und beachten Sie das Muster. Schneiden Sie alle Fadenenden und Stakenenden mit einem Schrägschnitt ab, so daß sie nicht vorstehen. Die Enden der Randstaken müssen hinten gegen eine Stake liegen, sonst rutschen sie nach vorne.

Schneiden Sie zwei 65 cm lange Stücke aus starkem Peddigrohr für die Henkel, und spitzen Sie alle Enden an. Biegen Sie die Rohre in U-Form. Entfernen Sie die Henkeleinsatzstücke, und heben Sie sie auf, man kann sie wieder verwenden. Schieben Sie die Henkel so tief in die Löcher, daß das Flechtwerk sie gut greift. Die Henkel sollten etwa 13 cm hoch sein. Führen Sie einen Faden Wickelrohr mit der falschen Seite nach oben unmittelbar unter dem Madeirarand und rechts von einem Henkel in die Seitenwand ein. Er muß etwa 15 cm nach innen ragen (Abb. 15). Biegen Sie das kurze herausragende Ende hoch und über den Rand, dann runter und quer über den Henkel und den Rand. Führen Sie ihn wieder in die Seitenwand unmittelbar unter dem Rand, aber diesmal links vom Henkel.

Wir beginnen den Henkel zu umwickeln.

15

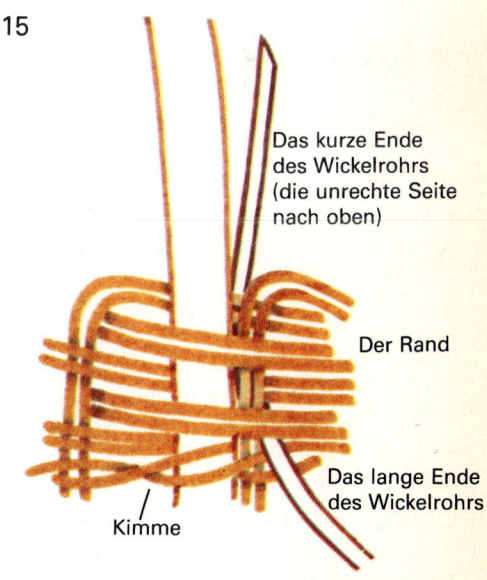

Das kurze Ende des Wickelrohrs (die unrechte Seite nach oben)

Der Rand

Das lange Ende des Wickelrohrs

Kimme

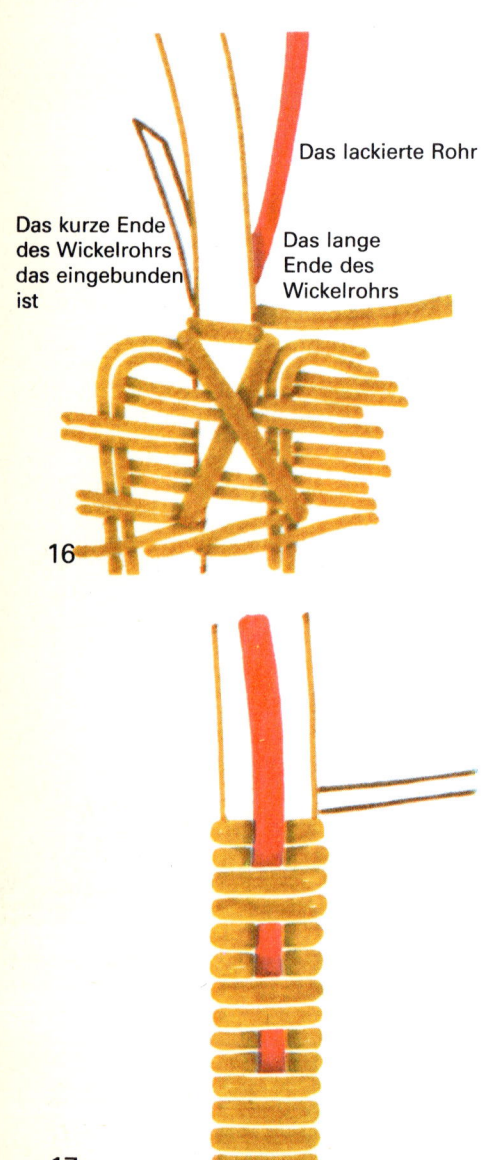

Das lackierte Rohr

Das kurze Ende
des Wickelrohrs
das eingebunden
ist

Das lange
Ende des
Wickelrohrs

16

17

*Oben: Das Wickeln des Henkels
Unten: Seitenansicht der Henkel-
umwicklung die zeigt, wie über
und unter das lackierte Rohr geflochten wird.*

Legen Sie das Ende dann hinter den Henkel, es wird dort später befestigt. Schneiden Sie ein 41 cm langes Stück lackiertes Rohr oder Wickelrohr zurecht, und stecken Sie es in die Seitenwand, so daß es mit der
richtigen Seite nach außen gegen die äußere Biegung des Henkels liegt.
(Das ist der Leitfaden.) Sie können es dort mit einer Wäscheklammer
feststecken (Abb. 16). Biegen Sie das lange Ende des Wickelrohrs hoch
und quer über den Henkel, so daß vor dem Madeirarand ein Kreuz entsteht. Wickeln Sie dieses lange Ende viermal um den Henkel, und binden
Sie auf diese Art sowohl das kurze Ende als auch das lackierte Rohr fest
ein. Umwickeln Sie dann den übrigen Henkel auch fest, und bilden Sie
ein Muster, indem Sie über und unter das lackierte Rohr flechten
(Abb. 17). Das sieht nicht nur hübsch aus, sondern verhilft auch zu einer
festen Wickelung. Bei unserem Beispiel wurde je zweimal über und unter
das lackierte Rohr gewickelt, Sie können jedoch auch andere Muster er-
finden.

Enden Sie an der anderen Seite wieder mit vier einfachen Wickelrunden
und einem Kreuz vor dem Madeirarand, und flechten Sie das Ende des
Wickelfadens mehrmals durch die Kimme, damit es fest und ordentlich
gesichert ist.

Wenn Sie einen neuen Faden ansetzen müssen, so legen Sie ihn mit der
falschen Seite nach oben unter den Henkel, solange vom alten Faden
noch so viel übrig ist, um ca. 5 cm zu wickeln, wickeln Sie mit dem alten
Faden weiter, und binden Sie dabei den neuen mit ein. Ist der alte Faden
nur noch 4 cm lang, dann legen Sie den neuen Faden mit der richtigen
Seite nach außen und wickeln mit ihm weiter. Der Rest des alten Fadens
wird an der Unterseite des Henkels mit eingebunden. So bekommen Sie
einen unsichtbaren Anschluß.

Die Henkel müssen mit einem Stift so befestigt werden, daß sie nicht aus
dem Korb herausschlüpfen können. Stechen Sie zwischen der ersten und
zweiten Runde der oberen Kimme mit dem Pfriem ein Loch in das noch
feuchte Henkelrohr. Für den Stift können Sie ein kurzes Stück Rohr Nr. 10
(3,35 mm) oder einen Span des Henkelrohrs nehmen. Er wird durch das
gebohrte Loch gesteckt. Er muß die ganze Korbwand durchdringen, evtl.
müssen Sie ihn mit einem Hammer hineinklopfen. Schneiden Sie ihn
dann innen und außen so ab, daß er nicht mehr hervorragt. Jetzt müssen
nur noch die Henkel geformt werden. Sie beugen sich einander zu, wenn
man sie in feuchtem Zustand oben zusammenbindet und gleichzeitig die
Seiten des Korbes auseinanderspreizt, indem man am Rand ein Buch
oder Holzstück dazwischenklemmt.

Allgemeine Hinweise

Dieser Picknickkorb ist zwar nur ein Übungsstück für die Grundtechniken,
Sie haben aber dennoch viel Mühe hineingesteckt, halten Sie ihn deshalb
in Ehren. Er ist kräftig, aber nicht unzerstörbar. Wenn er naß wird, sollten
Sie ihn mit einem Tuch trocken reiben.

Runde Matten und Böden

Das Mittelstück einer Tischmatte entspricht dem Anfang der meisten Körbe, gleich welcher Größe und Form. Um mit der Herstellung dieser Mittelstücke, oder der geflochtenen Böden, und der Technik des »Fitzens« vertraut zu werden, sollten Sie verschiedene Matten machen. Sie werden dabei gleichzeitig das Kimmen und das Flechten des Madeira- oder Einschlagrandes aus dem vorigen Kapitel üben können.

Tischmatten

Tischmatten aus Peddigrohr sehen auf jedem Tisch hübsch aus. Sie isolieren gut, sie sind leicht mit Wasser, nicht mit Seife, zu reinigen, und sie kosten sehr wenig. Die angegebene Materialmenge reicht für sechs Matten mit einem Durchmesser von 19 cm oder für vier Matten mit 24 cm ⌀ oder für zehn Matten mit 12,5 cm ⌀.

Die Matte mit einem Durchmesser von 19 cm

Schneiden Sie acht 17 cm lange Stücke Peddigrohr Nr. 8 (3 mm) zurecht. Spitzen Sie vier an je einer Seite an, und machen Sie bei den anderen vier mit dem Pfriem in der Mitte einen Schlitz von etwa 2,5 cm. Stecken Sie die vier angespitzten Stäbe in die aufgeschlitzten Stäbe, so daß ein Kreuz entsteht (Abb. 1). Biegen Sie einen Faden Peddigrohr Nr. 3 (2 mm) etwa in der Mitte scharf in U-Form. Damit das Rohr nicht bricht, sollten Sie es zwischen Daumen und Zeigefinger beider Hände in entgegengesetzter Richtung drehen, so daß die Fasern sich spalten. Legen Sie den Faden um einen Kreuzarm (Abb. 2). Diese zwei Peddigrohrenden bilden nun die Flechtfäden, wir werden sie im folgenden als den rechten und den linken Faden bezeichnen.

Das Fitzen. Legen Sie den linken Faden vor demselben Arm über den rechten Faden, hinter den nächsten Arm und dann wieder nach vorn, wie Abbildung 3 zeigt. Wiederholen Sie das mit dem rechten Faden: vor einem Arm über den linken Faden und hinter den nächsten Arm herum (Abb. 3).

Das ist das Fitzen, das man fast immer für runde und ovale Böden benutzt. Grundsätzlich ist es das Schema »vor 1, hinter 1«. Bei jedem Schlag sollten Sie die Arbeit mitdrehen. Machen Sie zweimal die Runde. In der dritten Runde müssen die Arme in Paare aufgebrochen werden.

Sie brauchen für die Tischmatten:
170 g Peddigrohr Nr. 5 (2,5 mm),
120 g Peddigrohr Nr. 3 (2 mm),
300 g Peddigrohr Nr. 8 (3 mm),
Seitenschneider, Pfriem

Unten: Der Boden der Matte ist ein Kreuz aus zwei Reihen Staken
Ganz unten: der Anfang des Fitzens

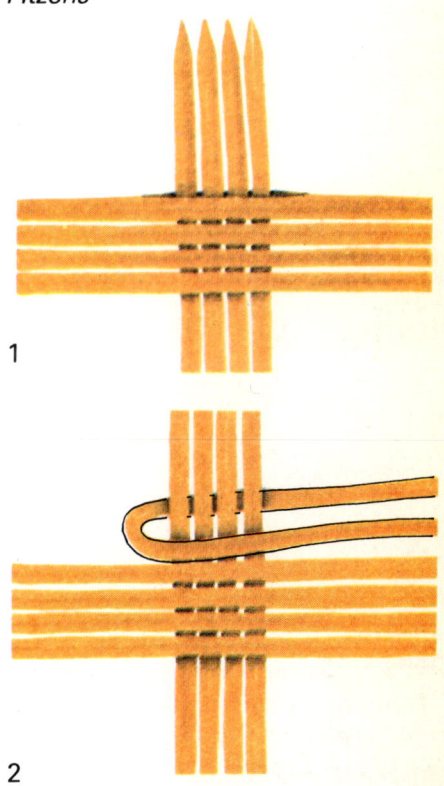

1

2

Statt ganz um die Rückseite eines Armes zu flechten, müssen Sie den Faden zwischen den mittleren zwei Staken schon nach vorne bringen, dadurch entstehen zwei Paare (Abb. 4). Machen Sie das ganz rundum, Sie bekommen dadurch acht Paare mit gleichem Abstand (Abb. 5).

Flechten Sie weitere zwei Runden, so daß Sie insgesamt fünf Runden haben, brechen Sie dann in der nächsten Runde alle Paare auf, so daß Sie einzelne Staken bekommen, die ein Speichenrad bilden (Abb. 6).

Setzen Sie einen neuen Faden an, wenn der alte auf der Außenseite ist. Ziehen Sie ihn mit dem linken Daumen zurück, und führen Sie den neuen Faden ein, so daß er zwischen dem alten Faden und der Flechtarbeit liegt. Das alte Ende schaut vorne hervor, das neue hinten (Abb. 7). Fitzen Sie, bis die Arbeit einen Durchmesser von 9 cm hat. Befestigen Sie das Geflecht, indem Sie die Fäden unter ein Rohr der letzten Runde stecken. Versuchen Sie, das recht unsichtbar zu machen.

Beginnen Sie nun mit drei neuen Fäden Nr. 3 (2 mm). Das können Sie auf zweierlei Art tun: a) Sie legen sie in drei aufeinanderfolgende Zwischen-

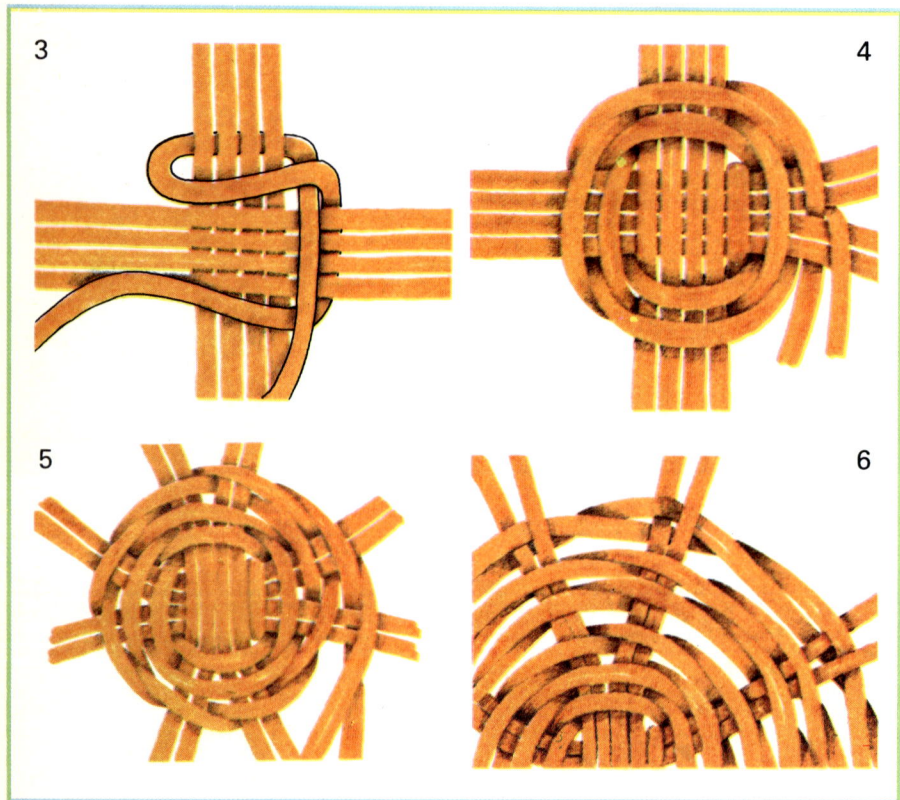

3. So geht das Fitzen weiter
4. In der dritten Runde wird das Kreuz aufgebrochen, so daß es Speichen bildet

5. Acht Stakenpaare sind nun entstanden
6. Die Paare werden einzeln aufgebrochen

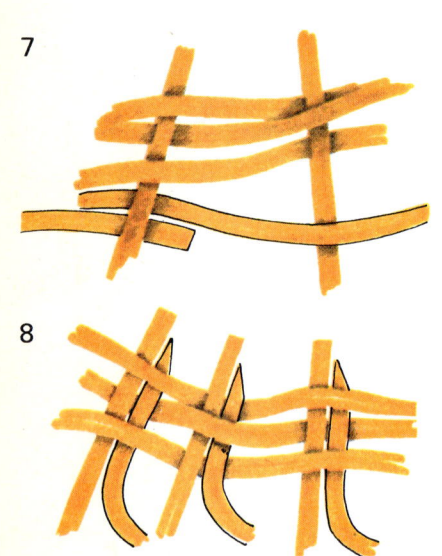

7

8

räume oder b) Sie schieben sie seitlich von drei aufeinanderfolgenden Staken in das Flechtwerk und führen sie nach vorn (Abb. 8). Wenn Sie die Methode a) nehmen, können Sie die Enden so lange mit Wäscheklammern befestigen, bis Sie über sie hinweggeflochten haben (Abb. 9). Kimmen Sie mit den neuen Fäden drei Runden. Machen Sie nach jeder Runde einen Schritt aufwärts. Fitzen Sie vier Runden. Kimmen Sie noch zwei Runden. Stutzen Sie alle Fadenenden eng am Flechtwerk fort, und schneiden Sie alle Stakenenden, die noch hervorstehen, ab.

Für den Einschlagrand müssen Sie 32 Randstaken Nr. 5 (2,5 mm) von 30 cm Länge schneiden. Weichen Sie sie zehn Minuten ein. Spitzen Sie jeweils ein Ende an. Stecken Sie links und rechts von jeder Hauptstake eine Zusatzstake in das Geflecht. Bohren Sie mit dem Pfriem vor. Schieben Sie sie so fest in das Flechtwerk, wie es geht.

Biegen Sie nacheinander jedes Paar der Randstaken etwa 2,5 cm oberhalb der Kimme nach rechts. Legen Sie es hinter das nächste Paar, vor das übernächste, hinter das vierte, vor das fünfte. Stecken Sie es dann beim nächsten Zwischenraum in die Rückseite des Flechtwerks. Wiederholen Sie das mit allen Stakenpaaren. Die letzten Paare flechten Sie in Staken, die schon heruntergebogen sind. Befestigen Sie sie gut. Schneiden Sie die Enden der Staken schräg ab, damit sie eng und sicher hinter einer anderen Stake liegen. Schneiden Sie sie nicht zu kurz ab, sonst rutschen sie nach vorne; und nicht zu lang, sonst verfängt man sich in ihnen, und die Matte liegt nicht flach auf dem Tisch. Vor allem: schneiden Sie mit einem scharfen Messer, so daß Sie eine saubere (und schließlich auch hygienische Schnittfläche bekommen.

Die Matte mit einem Durchmesser von 24 cm

Sie benötigen das gleiche Material wie vorher. Die gleiche Menge Peddigrohr ergibt vier Matten dieser Größe. Die Arbeitsanleitung ist ähnlich, nur die Maße sind etwas anders. Schneiden Sie zehn Staken Nr. 8 (3 mm) von 20 cm Länge. Spalten Sie davon fünf in der Mitte mit dem Pfriem. Spitzen Sie je eine Seite der anderen fünf an. Ziehen Sie die angespitzten Staken durch die Schlitze, so daß ein Kreuz entsteht. Fitzen Sie zwei Runden mit eingeweichten Fäden Nr. 3 (2 mm). Brechen Sie in der dritten Runde die Arme in je zwei Paare und eine einzelne Stake auf. Jeder Arm ist jetzt geteilt in 2, 1, 2 (Abb. 10).

Fitzen Sie drei Runden, und brechen Sie die Paare dann in Einzelstaken auf. Fitzen Sie weiter, bis die Arbeit einen Durchmesser von 11 cm hat. Kimmen Sie zwei Runden, fitzen Sie fünf Runden, kimmen Sie zwei Runden. Schneiden Sie die Fäden ab und auch die Enden der Staken, die noch aus der Kimme herausragen. Schneiden Sie 40 Rohrstücke Nr. 5 (2,5 mm) von 30 cm Länge. Spitzen Sie je eine Seite an, und schieben Sie links und rechts von jeder Stake eine dieser Randstaken in das Flechtwerk. Machen Sie einen Einschlagrand, und schneiden Sie zum Schluß alle Enden mit dem Seitenschneider ab.

Die Matte mit einem Durchmesser von 12,5 cm

Die gleiche Menge Material ergibt zehn kleine Matten. Schneiden Sie sechs Rohrstücke Nr. 8 (3 mm) von 15 cm Länge, und bilden Sie aus ihnen ein Kreuz (Abb. 1). Fitzen Sie zwei Runden mit Peddigrohr Nr. 3 (2 mm).

Brechen Sie alle Staken in der dritten Runde auf, und fitzen Sie weiter, bis die Arbeit einen Durchmesser von 6 cm hat. Kimmen Sie zwei Runden. Schneiden Sie die Fäden und Staken ab. Schneiden Sie 24 Randstaken Nr. 5 (2,5 mm), und machen Sie einen Einschlagrand.

Die Käseplatte

Für die Käseplatte mit 38 cm Durchmesser nehmen wir dickeres Peddigrohr, denn je größer eine Arbeit ist, desto dicker und stärker muß das Peddigrohr sein. Die Technik ist ähnlich wie die für die kleineren Matten. Die Käseplatte ist nur größer. Beginnen Sie mit zwölf Staken Nr. 10 von 31 cm Länge. Weichen Sie sie etwa 20 Minuten ein. Spitzen Sie sechs an, schlitzen Sie die anderen sechs. Bilden Sie ein flaches Kreuz. Biegen Sie einen Faden eingeweichtes Peddigrohr Nr. 5 (2,5 mm) in der Mitte, und schlingen Sie ihn um einen Kreuzarm. Fitzen Sie zwei Runden um die unaufgebrochenen Kreuzarme. Brechen Sie in der dritten Runde die Staken in zwölf Paare auf. Fitzen Sie vier weitere Runden, und brechen Sie dann die Staken einzeln auf. Fitzen Sie, bis die Arbeit einen Durchmesser von 14 cm hat. Setzen Sie, wenn nötig, einen neuen, eingeweichten Faden an. Kimmen Sie zwei Runden, fitzen Sie vier Runden, kimmen Sie zwei Runden, fitzen Sie vier Runden, kimmen Sie zwei Runden. Schneiden Sie alle Endfäden und -staken ab.

Schneiden Sie 48 Stücke Peddigrohr Nr. 8 (3 mm) von 52 cm Länge zurecht. Spitzen Sie je ein Ende an. Schieben Sie links und rechts von jeder Grundstake eine dieser Randstaken in das Flechtwerk. Schieben Sie sie bis zu der Kimme, die dem Zentrum am nächsten ist, so ergibt sich ein deutliches Muster. Machen Sie einen Einschlagrand. Biegen Sie die Randstakenpaare etwa 4,5 cm oberhalb der letzten Kimme nach rechts.

Und dann flechten Sie diese Stakenpaare im Wechsel hinter und vor die nächsten sechs, noch aufrecht stehenden Staken. Hinter der sechsten Nachbar-Stake wird die eben heruntergeflochtene abgeschnitten. Sie müssen dabei sehr genau darauf achten, daß Sie die Stakenpaare alle in gleicher Höhe umbiegen, damit Sie einen gleichmäßigen und schön aussehenden Rand bekommen.

Sie werden feststellen, daß Sie bei den letzten Stakenpaaren einige Mühe haben werden, weil Sie dort nicht zwischen aufrechtstehenden und noch sehr flexiblen Staken durchflechten, sondern zwischen bereits fest verflochtenen. Hier kann es erforderlich sein, die Arbeit noch einmal gut anzufeuchten, damit Ihnen keine Staken abbrechen. Und das wäre jetzt, so kurz vor Abschluß einer bis dahin gut gelungenen Arbeit, natürlich außerordentlich schade ...

9
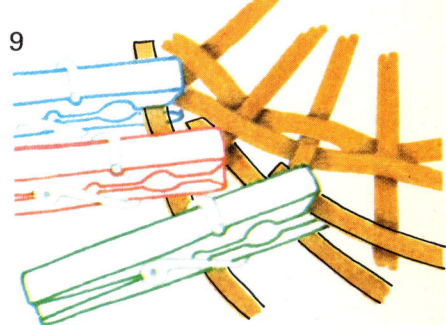

10

Oben: Das Rohr wird mit Wäscheklammern gehalten
Unten: Aufbrechen des Kreuzes in Speichen

Sie brauchen für die Käseplatte:
60 g Peddigrohr Nr. 10 (3,35 mm),
60 g Peddigrohr Nr. 5 (2,5 mm),
60 g Peddigrohr Nr. 8 (3 mm),
Seitenschneider, Pfriem

Rechts: Auf der Unterseite der Matte sieht man, wie die Rohrenden gegen die Staken liegen. Die Enden dürfen nicht zu kurz abgeschnitten werden, sonst rutschen sie nach vorn.

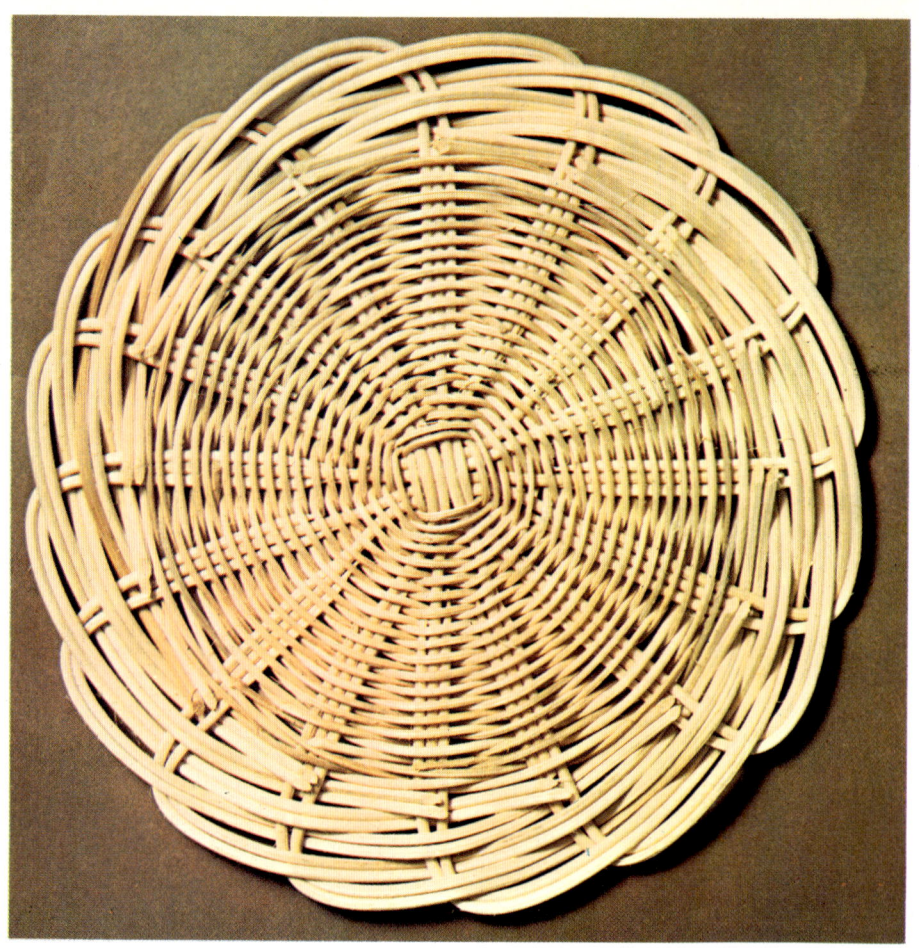

Gegenüber: Ein Satz Platten mit hochgewölbten Seiten und dekorativen Rändern.

Allgemeine Hinweise

Wenn Sie folgendes beachten, bekommen Sie einen ordentlichen, fest geflochtenen Boden:

Führen Sie den linken Faden auf seinem Weg nach hinten immer über den anderen Faden.

Lassen Sie nie einen Faden auf der Rückseite der Arbeit, Sie müssen ihn immer wieder nach vorne führen, bevor Sie mit dem anderen Faden arbeiten.

Wenn Sie den Boden zu fest in der linken Hand halten, wird er sich gegen Sie aufrollen. Versuchen Sie, ihn locker und flach zu halten.

Bei Lücken zwischen den einzelnen Flechtrunden, müssen Sie den Faden auf der Rückseite immer sehr festziehen und dann leicht nach vorne führen.

Verschiedene Platten

In der Flechtkunst gibt es unzählige Muster und Formen, und wenn Sie die Grundtechniken beherrschen, dann können Sie beliebig viele Gegenstände anfertigen, ohne sich je zu wiederholen. Die Körbe, die wir hier zeigen, können auf verschiedene Art gebraucht werden, und sie sind einfach zu machen. Sie werden auf Partys Bewunderung hervorrufen, wenn man in ihnen Chips, Nüsse oder Schnittchen anrichtet, oder man kann sie als Untersetzer für heiße Auflaufformen benutzen. Sie können mit ihnen auch geschmackvolle, festliche Blumenarrangements mit Obst und Nüssen zusammenstellen.

Flache Körbe

Die folgenden Arbeitsanleitungen sind für drei Körbe mit 18 cm, 25 cm und 35 cm Durchmesser, aus denen Sie einen Fruchtständer mit drei Etagen anfertigen können.

Der Korb mit einem Durchmesser von 25 cm

Sie brauchen Peddigrohr Nr. 10 (3,35 mm), Nr. 3 (2 mm), Nr. 4 (2,25 mm) und Nr. 5 (2,5 mm). Weichen Sie das Rohr gut ein. Schneiden Sie acht Stücke Peddigrohr Nr. 10 (3,35 mm) von 20 cm Länge zurecht. Machen Sie das Bodenkreuz aus diesen Staken. Biegen Sie ein Peddigrohr Nr. 3 (2 mm) nicht ganz in der Mitte, sonst müssen Sie beide Fadenenden gleichzeitig erneuern. Spalten Sie die Fasern vorher, indem Sie das Rohr zwischen den Fingern drehen. Schlingen Sie den Faden um einen Kreuzarm, und führen Sie beide Fadenenden nach vorne. Fitzen Sie zwei Run-

---

Sie brauchen für die flachen Körbe:
60 g Peddigrohr Nr. 10 (3,5 mm),
120 g Peddigrohr Nr. 4 (2,25 mm),
170 g Peddigrohr Nr. 5 (2,5 mm),
120 g Peddigrohr Nr. 8 (3 mm),
60 g Peddigrohr Nr. 12 (3,75 mm),
120 g Peddigrohr Nr. 3 (2 mm),
120 g Peddigrohr Nr. 13 (4 mm)
(nur wenn Sie die Etagere machen),
Seitenschneider, Pfriem

In den Boden werden Zusatzstaken gesteckt, um den Rand machen zu können.

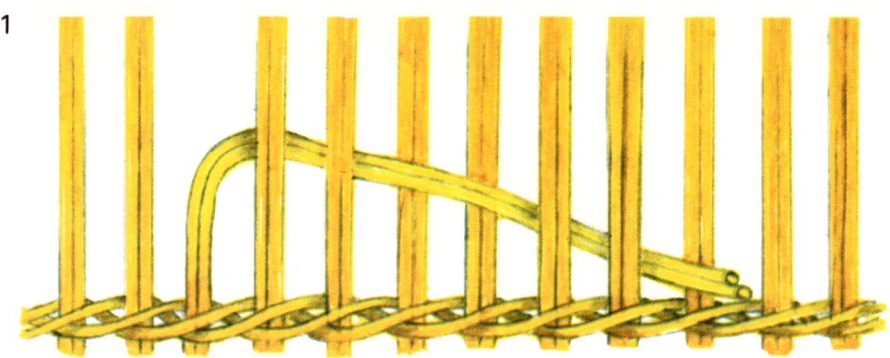

1

den um die Kreuzarme herum. Brechen Sie in der dritten Runde die Arme in Paare auf. Die Staken gehen nicht alleine durch das Flechten in die richtige Position, Sie müssen sie mit den Fingern auseinanderbiegen. Fitzen Sie vier weitere Runden. Brechen Sie dann die Paare in einzelne Staken auf, so daß Sie ein Speichenrad erhalten. Fitzen Sie weiter, bis die Arbeit einen Durchmesser von 15 cm hat. Setzen Sie, wenn nötig, neue Fäden an. Legen Sie drei Fäden Nr. 4 (2,25 mm) in drei aufeinanderfolgende Zwischenräume. Markieren Sie die Stake unmittelbar links vom linken Faden. Kimmen Sie drei Runden. Machen Sie jedesmal einen Schritt aufwärts, wenn Sie die markierte Stake erreichen. Beenden Sie die drei Runden an der markierten Stake. Führen Sie dann den linken Faden vor zwei Staken und hinter die markierte Stake und dann wieder nach vorne. Führen Sie den nächsten Faden vor zwei Staken, hinter eine, und flechten Sie ihn unter den obersten Faden der vorhergehenden Runde, wenn Sie ihn wieder nach vorne führen. Wiederholen Sie das mit dem letzten Faden, flechten Sie ihn unter die obersten Fäden der letzten Runden. Schneiden Sie alle Enden mit dem Seitenschneider ab.
Schneiden Sie 64 Staken Nr. 5 (2,5 mm) von 30 cm Länge. Spitzen Sie je ein Ende an. Stecken Sie auf jede Seite jeder Stake zwei neue Staken. Stecken Sie zwei Fäden Nr. 3 (2 mm) in das Bodengeflecht, und fitzen Sie vier Runden um die Stakenpaare.
Das Formen einer Schale. Kimmen Sie drei Runden, und biegen Sie dabei nach und nach die Staken von sich fort nach oben. Flechten Sie sie in die gewünschte Schalenform; lassen Sie die Staken paarweise stehen. Vergessen Sie nicht, beim Kimmen nach jeder Runde einen Schritt aufwärts zu machen. Enden Sie wie vorher.
Der Rand. Beginnen Sie mit einem beliebigen Stakenpaar. Biegen Sie es etwa 4 cm oberhalb der Kimme nach rechts. Führen Sie es hinter die nächsten zwei Paare, vor die nächsten zwei Paare, hinter zwei weitere Paare und wieder nach vorne auf den Boden der Schale (Abb. 1). Biegen Sie die Seiten nach oben und fort von sich, während Sie den Rand flechten, damit Sie eine schöne Schalenform bekommen.
Wiederholen Sie den Vorgang nacheinander mit allen Stakenpaaren. Die

Die flachen Körbe können zu einer Etagere aufeinandergesetzt werden.

letzten Staken müssen vor und hinter Staken gelegt werden, die schon heruntergebogen sind. Achten Sie darauf, daß das Muster und die Staken die gewünschte Ordnung haben. Am Ende sollte man nicht sehen, wo der Anfang und wo das Ende ist. Schneiden Sie alle Faden- und Stakenenden ab. Schneiden Sie aber die Enden der Randstaken nicht zu kurz, sonst rutschen sie nach innen.

Der Korb mit einem Durchmesser von 18 cm

Sie brauchen Peddigrohr Nr. 8 (3 mm), Nr. 3 (2 mm) und Nr. 4 (2,25 mm). Schneiden Sie sechs Bodenstaken Nr. 8 (3 mm) von 13 cm Länge. Bilden Sie auf die bekannte Weise aus je drei das Bodenkreuz. Biegen Sie ein Peddigrohr Nr. 3 (2 mm), und fitzen Sie zwei Runden, bevor Sie die Staken einzeln aufbrechen. Fitzen Sie weiter bis die Arbeit einen Durchmesser von 9 cm hat. Kimmen Sie zwei Runden. Machen Sie in der ersten Runde einen Schritt aufwärts, und beenden Sie in der zweiten Runde die Kimme wie vorher.
Schneiden Sie 48 Staken Nr. 5 (2,5 mm) von 25 cm Länge. Stecken Sie je zwei links und rechts von jeder Bodenstake. Führen Sie zwei Fäden Nr. 4 (2,25 mm) ein, und fitzen Sie drei Runden um die Stakenpaare herum. Führen Sie drei Fäden Nr. 4 (2,25 mm) ein, und kimmen Sie zwei Runden; formen Sie dabei wie vorher die Arbeit zu einer Schale. Machen Sie zum Schluß den gleichen Rand wie vorher, formen Sie dabei die Schale weiter.

Der Korb mit einem Durchmesser von 35 cm

Sie brauchen Peddigrohr Nr. 12 (3,75 mm), Nr. 4 (2,25 mm) und Nr. 8 (3 mm). Schneiden Sie zehn Staken Nr. 12 von 23 cm Länge. Bilden Sie aus je fünf das Bodenkreuz. Fitzen Sie zwei Runden mit einem Rohr Nr. 4. Brechen Sie die Kreuzarme nach dem Schema 2–1–2 auf. Fitzen Sie weitere sechs Runden, und brechen Sie dann die Staken einzeln auf. Fitzen Sie weiter bis die Arbeit einen Durchmesser von 20 cm hat. Beenden Sie dann die Fitze, und schneiden Sie die Fadenenden ab.
Stecken Sie drei Fäden Nr. 5 ein, und kimmen Sie drei Runden. Machen Sie zweimal einen Schritt aufwärts, und enden Sie mit der dritten Runde. Jetzt können Sie die Staken einstecken. Schneiden Sie 80 Staken Nr. 8 von 35 cm Länge. Schieben Sie je zwei links und rechts neben jeder Grundstake in die Arbeit.
Führen Sie zwei Fäden Nr. 4 ein. Lassen Sie die Staken doppelt, und fitzen Sie acht Runden. Biegen Sie dabei die Arbeit nach oben und fort von sich, um eine schöne Schalenform zu erzielen. Stecken Sie drei Fäden Nr. 5 ein, und kimmen Sie drei Runden. Machen Sie dann den Rand.
Es soll der gleiche Rand wie vorher sein, biegen Sie jedoch diesmal jedes Stakenpaar 4,5 cm oberhalb der Kimme. Die Arbeit ist jetzt etwas schwieriger, weil Sie mit Rohr Nr. 8 flechten. Weichen Sie es besonders gut ein, und geben Sie sich beim Formen viel Mühe.

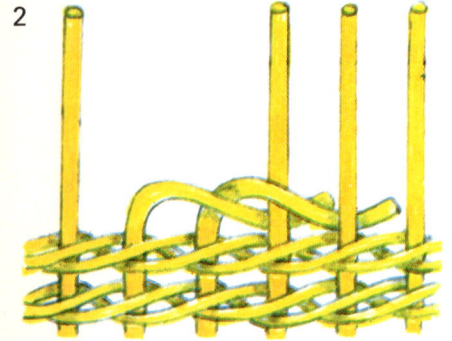

2

Der untere Rand

Die Etagere

Wenn Sie drei Körbe gemacht haben und möchten sie übereinandersetzen, so scheuen Sie nicht davor zurück, weil es schwierig aussieht. Das Gestell ist 30 cm hoch und wird aus Peddigrohr Nr. 13 (4 mm) und Nr. 5 (2,5 mm) hergestellt. Schneiden Sie zehn Staken Nr. 13 von 52 cm Länge, und spitzen Sie je ein Ende an. Weichen Sie sie gut in heißem Wasser ein.

Diese drei Staken werden durch alle drei Körbe gesteckt; aus ihren Enden machen Sie unter dem großen Korb einen Rand und einen ähnlichen auf dem kleinsten Korb.

Bohren Sie vorsichtig mit dem Pfriem 5 cm vom Mittelpunkt entfernt zehn Löcher in den größten Korb. Setzen Sie die Löcher gleichmäßig, so daß sie einen Kreis mit einem Durchmesser von 10 cm bilden. Die Staken müssen an der Unterseite des Korbes 8 cm vorstehen. Kimmen Sie auf der Unterseite zwei Runden mit einem Faden Nr. 5 (2,5 mm).

Der Bodensockel. Bilden Sie aus den kurzen Enden an der Unterseite einen Fuß, indem Sie nacheinander jede Stake nach rechts vor eine und dann hinter eine Stake legen, so daß sie im Inneren des Ringes endet (Abb. 2). Die letzte Stake muß unter eine Stake geführt werden, die schon umgelegt wurde. Stellen Sie die Arbeit richtig hin, und ziehen Sie an jeder Stake, bis der Korb gerade und sicher steht.

Kimmen Sie auf der Oberseite des Korbes vier Runden um die Staken. Steigen Sie dreimal einen Schritt auf, und enden Sie nach der vierten Runde. Jetzt können Zusatzstaken gesteckt werden.

Zusatzstaken. Die Zusatzstaken werden neben die Staken gesteckt; sie machen das Gestell stabiler. Schneiden Sie zehn Staken Nr. 13 (4 mm) von 19 cm Länge, und spitzen Sie je ein Ende an. Messen Sie sie sehr sorgfältig ab, da sie die Ebene für den nächsten Korb bilden. Stecken Sie je eine Zusatzstake rechts neben den Staken in die Kimme. Fitzen Sie 14 cm oberhalb der Kimme eine Runde.

Fitzen Sie, indem Sie einen Faden Nr. 5 (2,5 mm) etwa in der Mitte biegen und ihn dort, wo Sie fitzen wollen, um eine Stake schlingen. Legen Sie beide Enden nach vorn. Fassen Sie beide Fäden mit dem Daumen und Zeigefinger der rechten Hand, und drehen Sie sie so, daß der rechte Faden sich über den linken legt. Führen Sie den unteren (oder linken) hinter die nächste Stake und wieder nach vorn (Abb. 3). Machen Sie das eine ganze Runde. Lassen Sie den Stakenkranz beim Fitzen nicht weiter werden. Achten Sie darauf, daß die Fitze überall denselben Abstand zur Kimme hat. Stecken Sie einen dritten Faden Nr. 5 dazu, und kimmen Sie drei Runden. Steigen Sie zweimal einen Schritt auf und enden Sie mit der dritten Runde. Prüfen Sie, ob alle Zusatzstaken genau die gleiche Höhe haben. Schneiden Sie sie, wenn nötig, ab, so daß sie mit der Kimme enden. Achten Sie sorgfältig darauf, daß Sie keine lange Stake abschneiden! Bohren Sie mit dem Pfriem zehn Löcher in den mittleren Korb. Sie bilden einen Kreis mit einem Durchmesser von 8 cm. Schieben

Sie die zehn Staken, die aus dem großen Korb hochragen, in diese Löcher, so daß der mittlere Korb ganz gerade auf der Kimme sitzt. Kimmen Sie jetzt vier Runden mit Peddigrohr Nr. 5 (2,5 mm) um die Staken. Schneiden Sie zehn Zusatzstaken Nr. 13 (4 mm) von 16,5 cm Länge, spitzen Sie je ein Ende an, und schieben Sie sie rechts neben den Grundstaken in die Kimme. Fitzen Sie, wie vorher, 11,5 cm oberhalb der Kimme eine Runde; schieben Sie dann einen Faden Nr. 5 (2,5 mm) ein, und kimmen Sie drei Runden. Schneiden Sie die Zusatzstaken so ab, daß sie eben mit der Kimme enden; es darf keine vorstehen.

Bohren Sie zehn Löcher in den kleinen Korb. Sie bilden einen Kreis mit einem Durchmesser von 5 cm. Schieben Sie die zehn Staken durch diese Löcher, und setzen Sie den Korb auf die Kimme. Kimmen Sie oben auf dem kleinen Korb drei Runden mit Fäden Nr. 5 (2,5 mm). Jetzt können Sie den Rand formen. Machen Sie ihn genauso mit den Stakenenden, wie Sie es für den Fuß unter dem großen Korb gelernt haben. Die Etagere ist fertig, wenn Sie alle Fadenenden sorgfältig abgeschnitten haben.

Allgemeine Hinweise

Sie sollten diese Körbe sorgfältig machen, ganz gleich, ob Sie sie einzeln verwenden wollen oder als Etagere. Legen Sie keine schweren Gegenstände hinein. Stauben Sie sie ab, und waschen Sie sie gelegentlich.

Solche einfachen Arbeiten können Sie natürlich auch als Probestücke für Farb-Experimente ansehen. Wir hatten eingangs erwähnt, daß man Peddigrohr auch färben kann – und zwar durch Beizen, wie sie üblicherweise für Holz angewandt werden. Sie müßten also entsprechend der Vorschrift das Beizpulver in einem Glasgefäß mit Wasser ansetzen. Dann könnten Sie entweder die Flechtarbeit in das Beizbad tauchen oder aber würden – was einfacher ist – die Flechtarbeit mit Beizflüssigkeit und Pinsel bearbeiten.

Für solche Versuche sollten Sie sich indes mit wenigen Tönen begnügen: wählen Sie vor allem die natürlichen Holzfarben aus. Sie könnten auch die bunten Farben nehmen, die als Beizpulver oder fertig angesetzte Beizen angeboten werden. Aber solche Farben – Rot, Orange, Grün, Blau und andere – entsprechen nicht den natürlichen Tönen des Peddigrohr und sollten darum nur behutsam angewandt werden.

Ganz und gar abraten möchten wir vom Lackieren. Der Lack verschließt das Peddigrohr, überdeckt es mit einem unnatürlichen Farbton und läßt darum nichts mehr von der ursprünglichen Schönheit des Materials übrig. Auch aus anderem Grund ist Lack ungeeignet: Jedes Geflecht bleibt flexibel – jeder Lack dagegen bildet eine mehr oder weniger starre Schicht. Das heißt also, daß der Lack über kurz oder lang Risse bekommt, daß die Risse schmutzig werden und sich vergrößern – und daß schließlich der Lack abblättert. Die Schönheit ist dahin . . . Peddigrohr braucht keinen Schutz (den man im allgemeinen mit Lack bilden will), also sollte man es allenfalls leicht färben.

Oben: Halten Sie beim Fitzen ganz herum dieselbe Höhe und denselben Abstand vom Flechtwerk.

Unten: Die Enden, die aus dem Boden des großen Korbes herausragen

3

Zwei Körbe

Die Arbeitsanleitung für diese kräftigen Einkaufskörbe enthält einige der Techniken, die Sie bereits kennen und zusätzlich einige neue. Beginnen Sie mit dem kleinen Korb, er ist leichter zu handhaben und zu formen. Wenn Sie mit ihm fertig und zufrieden sind, dann können Sie sich auch den großen zumuten. Sie können Perlen mitverarbeiten oder die Körbe schlicht lassen. Für den großen Korb brauchen Sie mehr Zeit.

Die Körbe

Der kleine Korb hat einen Bodendurchmesser von 13 cm und eine Seitenhöhe von 11 cm. Der große Korb hat einen Bodendurchmesser von 20 cm und eine Seitenhöhe von 19 cm. Man braucht für die Körbe unterschiedliche Rohrstärken. Größere Körbe benötigen nicht nur mehr Staken, sondern auch dickeres Peddigrohr. Schneiden Sie sechs Bodenstaken Nr. 10 (3,35 mm) von 13 cm Länge. Bilden Sie auf die bekannte Weise das Bodenkreuz. Fitzen Sie zwei Runden mit Rohr Nr. 3 (2 mm), und brechen Sie dann die Kreuzarme in einzelne Staken auf. Fitzen Sie weiter, bis die Arbeit einen Durchmesser von 11,5 cm hat. Machen Sie den Boden nicht ganz flach, sondern geben Sie ihm eine leichte Wölbung. Das macht den Korb robuster und verhindert, daß der Boden herausfällt. Schneiden Sie für die Seiten 23 Staken Nr. 8 (3 mm) von 41 cm Länge. Spitzen Sie je ein Ende an und schieben Sie sie links und rechts von jeder Bodenstake tief in das Flechtwerk. Beachten Sie, daß Sie statt 24 Seitenstaken nur 23 einschieben. Das wird so gemacht, weil man mit einer ungeraden Stakenzahl besser zäunen kann. Lassen Sie die Stake dort aus, wo die Bodenstaken am dichtesten stehen. Am Beginn des **Wandgeflechts** ändert sich die Flechtrichtung von »horizontal nach außen« in »vertikal nach oben«. Jetzt entsteht die Form des Korbes, ob gerade aufwärts, bauchig geschweift oder unregelmäßig. Biegen Sie jede Stake eng am Boden mit der Rundzange (Abb. 1a) scharf, aber so, daß sie nicht bricht. Biegen Sie sie in die richtige Stellung nach oben. Die Wölbung des Bodens liegt oben. Binden Sie die Staken zusammen (Abb. 1b). Nun müssen Sie wieder kimmen. Stecken Sie drei Fäden Nr. 5 (2,5 mm) in die Fitze des Bodens neben drei aufeinanderfolgende Staken. Die Staken werden einzeln, nicht in Paaren, umflochten. Markieren Sie die Stake links neben dem ersten Faden, damit Sie wissen, wo Sie einen Schritt aufwärts machen müssen. Kimmen Sie vier Runden, und versuchen Sie die erste Runde so eng wie möglich an die Fitze zu schieben, sonst gibt es Lücken im Korb. Nach der ersten Runde baut sich die Kimme auf der jeweils vorherigen Runde auf. Binden Sie die Staken auf, und legen Sie ein Gewicht in den Korb, Sie können so besser formen. Schneiden Sie 23 Zusatzstaken Nr. 8 (3 mm) von 8 cm Länge. Spitzen Sie je eine Seite an. Stecken Sie je eine in die Kimme rechts von den Seitenstaken in dasselbe Loch. Zäunen Sie 5 cm mit einem Faden Nr. 5

Hölzerne Perlen geben diesen Einkaufskörben Farbe

(2,5 mm). Formen Sie die Seiten etwas nach außen. Stecken Sie in jede Seite des Korbes ein Henkeleinsatzstück von 23 cm Länge.

Wenn Sie Perlen verwenden wollen, kimmen Sie nur zwei Runden mit einem Faden Nr. 5 (2,5 mm). Schneiden Sie alle Zusatzstaken ab, die aus der Kimme herausragen. Wenn Sie keine Perlen verwenden, müssen Sie fünf Runden kimmen. Fädeln Sie auf jede Stake eine Perle, außer auf die Staken mit den Henkeleinsatzstücken. Schieben Sie die Perlen fest auf die Kimme, achten Sie darauf, daß sie gleichmäßig sitzen. Kimmen Sie über den Perlen noch zwei Runden.

Der Randabschluß »**Zuschlag**« ist ein sehr einfacher und ordentlicher Randabschluß. Manche halten ihn für einen professionellen Rand, da er mehr als andere von Berufskorbflechtern verwendet wird. Beginnen Sie mit einem einfachen Zuschlag, später können Sie dickere und größere machen. Weichen Sie die Staken noch einmal gut ein, und biegen Sie sie mit der Rundzange 5 mm oberhalb der Kimme, vorsichtig, damit sie nicht brechen, nach rechts. Beginnen Sie den Rand an einer beliebigen Stelle. Biegen Sie eine Stake nach rechts hinter die nächste Stake und wieder nach vorn. Wiederholen Sie die gleichen Schläge mit den nächsten zwei Staken (Abb. 2). Nehmen Sie wieder die erste Stake, führen Sie sie vor der nächsten stehenden Stake vorbei, hinter die nächste und zurück nach vorn. Biegen Sie dann die vierte Stake nach rechts, so daß sie neben, jedoch hinter der ersten Stake liegt (Abb. 3).

Wiederholen Sie das mit der zweiten und fünften Stake und der dritten und sechsten Stake. Jetzt müssen Sie drei Stakenpaare vorne haben, jeweils bestehend aus einem langen und einem kurzen Faden (Abb. 4). Nehmen Sie das fünfte heruntergebogene Stakenende von rechts, es ist das rechte des letzten Paares, und legen Sie es vor die nächste aufrechte Stake und hinter die übernächste und wieder nach vorn. Biegen Sie dann die nächste aufrechte Stake (die siebte) neben und hinter das Stakenende. Wiederholen Sie das rund um den Korb: Das fünfte Stakenende von rechts vor eine Stake, hinter eine und die nächste aufrechte runter neben das Stakenende, bis nur noch eine aufrechte Stake übrig ist. Flechten Sie um die Henkeleinsatzstücke herum, damit der Rand so ordentlich wie möglich aussieht. Um den Zuschlagrand abzuschließen, legen Sie wieder das fünfte Stakenende von rechts vor eine und unter die Biegung des ersten Rohrs. Biegen Sie dann die letzte aufrechte Stake, und schieben Sie sie darunter. Jetzt sollten Sie auf der Vorderseite noch drei Paare haben. Die rechte Stake von jedem Paar muß nacheinander in den Rand geflochten werden, damit er vollständig ist. Um den ganzen Korb herum schaut je eine Stake vorn heraus. Wenn Sie am Anfang des Randes von oben auf diesen blicken, sehen Sie drei einzelne Rohre, während der ganze übrige Rand nur zwei Rohre hat. Zu jedem dieser einzelnen Rohre muß sich nun ein zweites gesellen, das neben und vor ihm liegt und den Rand vervollständigt. Prüfen Sie, ob das so ist.

Nehmen Sie das fünfte Stakenende von rechts und führen Sie es unter

1.a

1 b

Oben: Biegen Sie das Rohr mit der Rundzange
Unten: Die Staken werden oben zusammengebunden

30

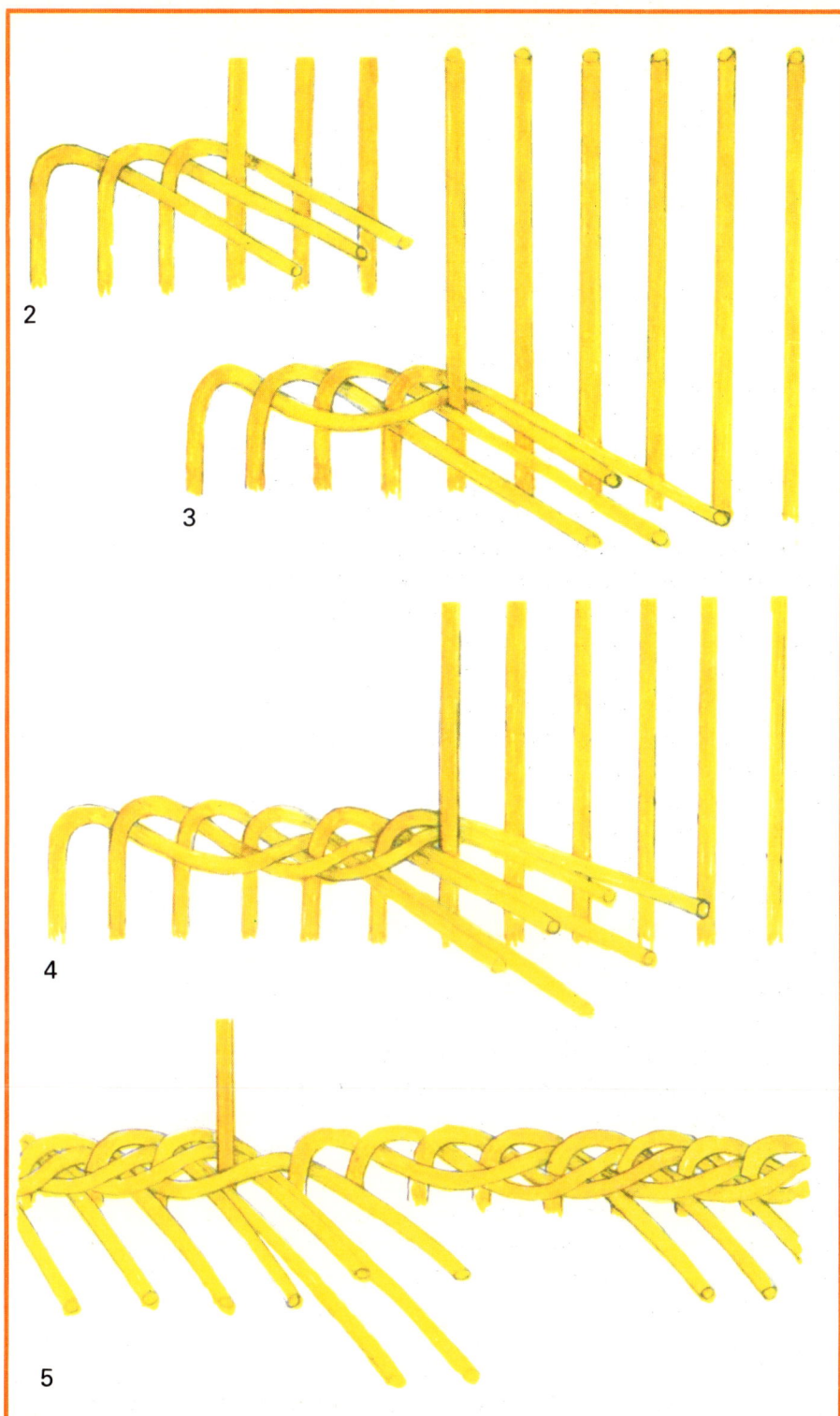

Sie brauchen für den kleinen Einkaufskorb:
30 g Peddigrohr Nr. 3 (2 mm),
60 g Peddigrohr Nr. 5 (2,5 mm),
120 g Peddigrohr Nr. 8 (3 mm),
1 m Peddigrohr Nr. 10 (3,35 mm),
61 cm Henkelrohr (8 mm),
5,5 m Stuhlflechtrohr Nr. 6 (2,6 mm),
61 cm lackiertes Wickelrohr (wenn gewünscht),
21 hölzerne Perlen, durch deren Löcher Peddigrohr Nr. 8 (3 mm) paßt,
Seitenschneider, Pfriem, Rundzange

2. Das erste Stadium eines Zuschlags mit drei Rohren

3. Das erste Rohr geht hinter das fünfte, um mit dem vierten ein Paar zu bilden

4. Vier Stakenpaare sind auf der Vorderseite der Arbeit

5. Der Rand ist beinahe fertig. Es gibt nur noch eine aufrechte Stake

die Biegung der zweiten Stake, die Sie umgebogen haben. Behalten Sie es vor der ersten Stake (Abb. 6). Nehmen Sie jetzt das dritte Stakenende von rechts, und führen Sie es neben (vor) das nächste einzelne Rohr und unter die Biegung der dritten Stake, die Sie heruntergebogen haben. Nehmen Sie zum Schluß das rechte Stakenende des letzten Paares, und führen Sie es neben das letzte einzelne Rohr und unter die Biegung der vierten Staken, die Sie heruntergebogen haben.

Jetzt sollte gleichmäßig rundherum je eine Stake nach vorne ragen, und diese Staken sollten alle an der unteren Kante des Randes sein. Verge-wissern Sie sich, daß die letzten drei nicht oben am Rand stehen. Jetzt können Sie den Rand beenden; wenn Sie wollen können Sie jedoch noch einen weiteren **einfachen Einsteckrand** flechten, indem Sie jede Randsta-ke der Reihe nach durch den nächsten oder übernächsten Zwischenraum rechts, genau oberhalb der Kimme auf die Innenseite des Korbes stecken (Abb. 7). Schneiden Sie diese Stakenenden auf der Innenseite sorgfältig ab. Achten Sie darauf, daß sie gegen eine Stake liegen. Schneiden Sie sie nicht zu kurz, sonst rutschen sie nach vorn.

Der Henkel. Schneiden Sie ein Henkelrohr von 53 cm Länge, und wei-chen Sie es gründlich in heißem Wasser ein. Spitzen Sie seine beiden Enden an, und biegen Sie es zu einem Bogen. Nehmen Sie die Henkel-einsatzstücke aus dem Korb, und schieben Sie den Henkelbogen in die Löcher. Umwickeln Sie den Henkel mit Stuhlflechtrohr Nr. 6 (2,6 mm) und machen Sie entweder mit lackiertem Rohr oder mit Stuhlflechtrohr ein Muster auf den Henkel. Bohren Sie zum Schluß zwei Pflöcke durch den Henkel (im Detailfoto auf der rechten Seite rechts außen sehen Sie einen Pflock sehr deutlich).

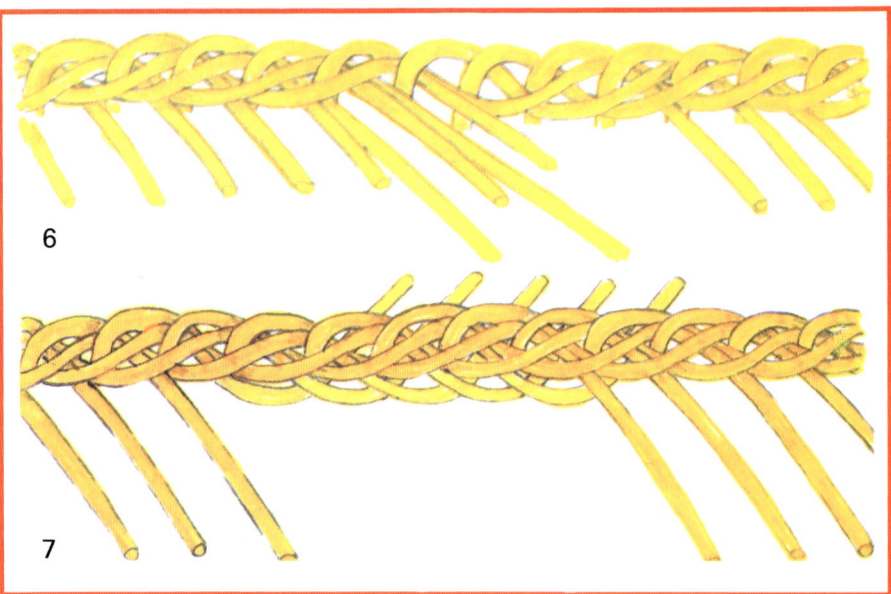

6. Restliche Rohre werden unter Rohre gesteckt, die schon herun-tergebogen sind

7. Ein einfacher Einsteckrand bringt alle Rohrenden auf die In-nenseite des Korbes

Der große Korb

Arbeiten Sie wie beim kleinen Korb. Beginnen Sie mit acht Bodenstaken Nr. 12 (3,57 mm) von 23 cm Länge. Fitzen Sie zwei Runden, brechen Sie dann die Staken in Paare auf. Fitzen Sie weitere drei Runden, und brechen Sie dann die Staken einzeln auf. Fitzen Sie weiter, bis die Arbeit einen Durchmesser von 19 cm hat. Schneiden Sie 31 Staken Nr. 10 (3,35 mm) von 53 cm Länge. Stecken Sie sie ein, und biegen Sie sie mit der Rundzange. Kimmen Sie fünf Runden mit Peddigrohr Nr. 6 (2,6 mm). Schneiden Sie 31 Zusatzstaken Nr. 10 (3,35 mm) von 15 cm Länge, und stecken Sie sie ein. Zäunen Sie 10 cm. Stecken Sie Henkeleinsatzstücke ein. Kimmen Sie acht Runden, wenn Sie keine Perlen verwenden wollen. Machen Sie den Rand.

Wenn Sie Perlen verwenden, kimmen Sie vier Runden mit Peddigrohr Nr. 6 (2,5 mm). Fädeln Sie die Perlen auf, nachdem Sie die überstehenden Zusatzstaken abgeschnitten haben. Kimmen Sie vier weitere Runden.

Machen Sie den Einschlagrand, den Sie schon kennen. Schneiden Sie ein Henkelrohr von 86,5 cm Länge. Weichen Sie es ein, formen Sie es, und stecken Sie es in den Korb. Umwickeln und befestigen Sie es.

Oben links: Der Zuschlagrand von oben gesehen. Das Muster geht ganz um den Korb herum.

Oben rechts: Ein deutliches Bild von der Henkelbefestigung mit dem Pflock.

Allgemeine Hinweise

An dieser Stelle wollen wir den Anfänger auf etwas aufmerksam machen, das ihm bei seinen ersten Arbeiten sicher zu schaffen macht. Betrachten Sie die Fotos oben, so werden Sie die verhältnismäßig rauhe Oberfläche des Peddigrohrs sehr deutlich erkennen. Zwar wird diese grobe Struktur dadurch, daß Sie das Material feucht verarbeiten, etwas gemildert. Aber ungeübten Händen wird das Peddigrohr zu schaffen machen. Bleiben Sie darum entweder der Arbeit treu – so daß die Fingerkuppen sich eine dickere und unempfindlichere Haut zulegen können. Oder ziehen Sie dünne Handschuhe an. Freilich geht Ihnen dabei das unmittelbare Gespür verloren, wird Ihnen dabei das Flechten nicht mehr ganz so viel Spaß machen. Ein Ausweg wäre, das Peddigrohr häufiger anzufeuchten und damit geschmeidiger zu machen – aber nicht so zu nässen, daß dadurch zugleich die Haut an den Händen aufgeweicht wird . . .

Für den großen Einkaufskorb brauchen Sie:
60 g Peddigrohr Nr. 5 (2,5 mm),
120 g Peddigrohr Nr. 6 (2,6 mm),
120 g Peddigrohr Nr. 10 (3,35 mm),
1,8 m Peddigrohr Nr. 12 (3,75 mm),
1 m Henkelrohr Nr. 10 (3,35 mm),
5,5 m glänzendes Wickelrohr oder 8,3 m
Stuhlflechtrohr Nr. 6 (2,6 mm),
1 m lackiertes Rohr (wenn gewünscht),
29 Holzperlen, die auf Rohr Nr. 10 (3,35 mm)
passen (wenn gewünscht),
Seitenschneider, Pfriem, Rundzange

Ovale Tabletts und Körbe

Man kann runde, ovale und viereckige Körbe machen; es gibt unglaublich viele Möglichkeiten. Ovale Körbe sind besonders vielseitig zu verwenden. Ein niedriger ovaler Korb ist z. B. ideal für Blumen. Sie können um den gleichen Boden statt schräger Seitenwände auch einen weit gezogenen Einschlagrand (Madeirarand) machen und haben dann eine Tischmatte; mit höheren Seiten wird dann ein Einkaufskorb daraus. Seien Sie aber vorsichtig! Ovale Körbe sind nicht leicht zu flechten, üben Sie vorher an vielen runden Körben. Ovale Böden verziehen sich leicht, und man muß rechtsfitzen und linksfitzen, um dem entgegenzuwirken. Für eine ovale Arbeit sind einige der Bodenstaken länger als die anderen. Die längeren werden immer durch die kürzeren gesteckt. Man kann die längeren Staken umwickeln, bevor man mit dem Flechten beginnt, aber es ist nicht nötig.

Dieses Kapitel gibt die Arbeitsanweisung für Linksfitzen, Kimmen mit vier Fäden und den gedrehten Henkel, der sehr hübsch ist.

Wie man einen ovalen Boden herstellt

Der Boden mißt 19 × 30,5 cm. Man kann ihn für ein Tablett, einen Blumen- oder Einkaufskorb verwenden. Schneiden Sie drei Staken Nr. 13

Sie brauchen für einen ovalen Boden:
3 m Peddigrohr Nr. 13 (4 mm),
1,20 m Stuhlflechtrohr Nr. 6 (2,6 mm),
60 g Peddigrohr Nr. 5 (2,5 mm),
Seitenschneider, Pfriem

Gegenüber: Diese Körbe haben den gleichen Boden, die Seiten wurden jedoch unterschiedlich gemacht.

Links: Ein Blick von oben in den ovalen Korb zeigt, wie die Bodenstaken umwickelt wurden.

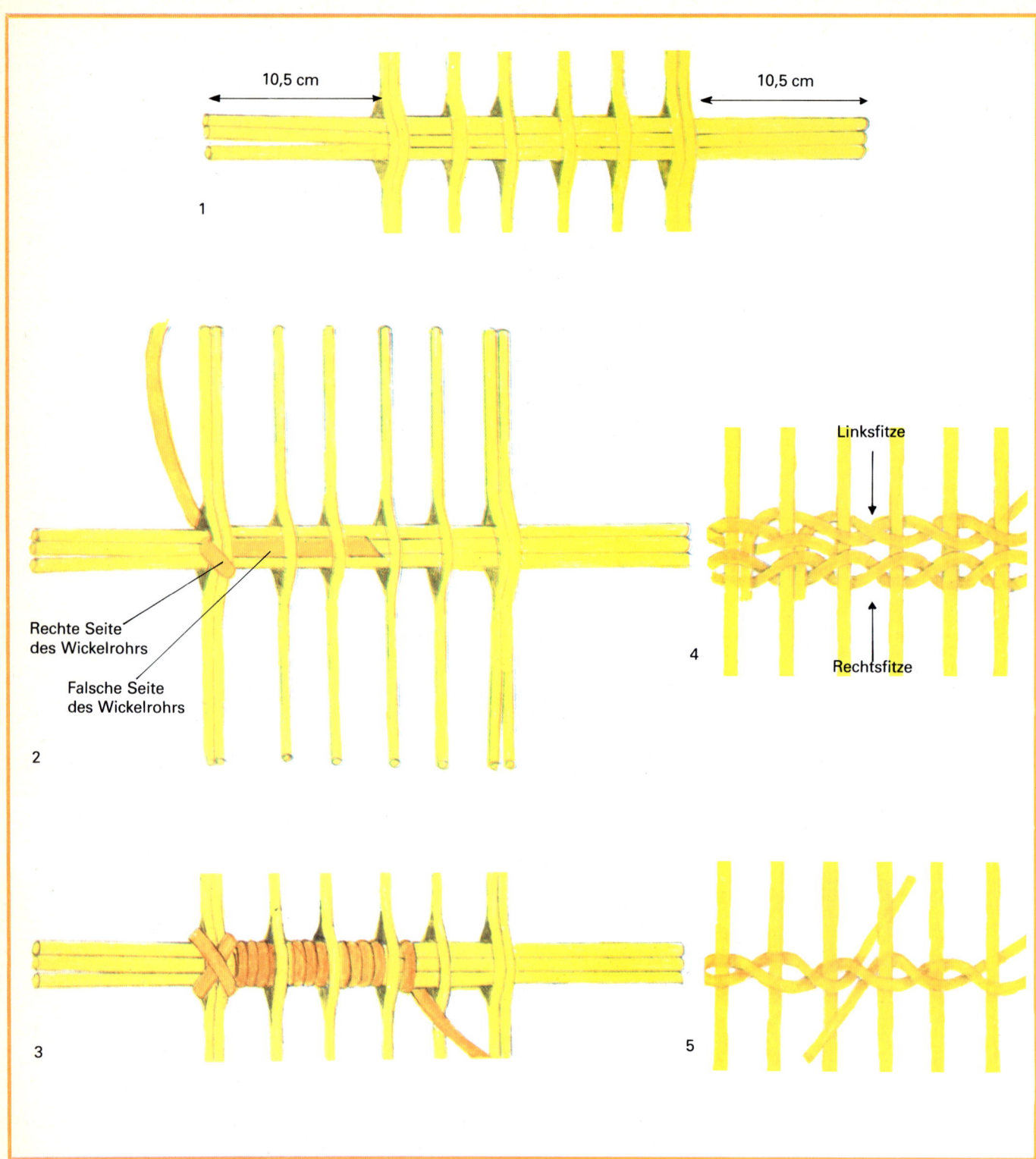

10,5 cm   10,5 cm

1

Rechte Seite
des Wickelrohrs

Falsche Seite
des Wickelrohrs

2

Linksfitze

Rechtsfitze

4

3

5

(4 mm) von 32 cm Länge und acht Staken von 23 cm Länge. Durchbohren Sie die kurzen Staken in der Mitte, und schieben Sie die längeren Staken durch. Ordnen Sie die Staken (Abb. 1).

Das Umwickeln ist nicht unbedingt nötig. Sie können es bei den ersten Körben weglassen. Umwickeln Sie die langen Staken mit Stuhlflechtrohr Nr. 6 (2,6 mm). Fädeln Sie einen Faden mit der falschen Seite nach oben in die Schlitze der kurzen Staken. Das wird die Unterseite des Korbes (Abb. 2). Wickeln Sie das Rohr kreuzförmig um die doppelten Außenstaken, so daß auf der Oberseite des Bodens ein Kreuz entsteht. Umwickeln Sie die langen Staken zwischen jeder kurzen Stake (Abb. 3). Enden Sie mit einem gleichen Kreuz an der anderen Seite, und schieben Sie das Stuhlflechtrohrende einige Zentimeter unter die Umwicklung.

Fitzen Sie mit einem Faden Nr. 5 (2,5 mm). Schlingen Sie ihn an einem Ende des Bodens (wie beim runden Boden) um die langen Staken. Fitzen Sie zwei Runden um den Boden herum. Halten Sie die Arbeit gerade. Flechten Sie dicht an den Staken. Brechen Sie alle Staken auf, so daß einzelne Speichen entstehen. Fitzen Sie weitere 4,5 cm. Wölben Sie den Boden etwas, und achten Sie darauf, daß er sich nicht verzieht. Halten Sie alle kurzen Staken, außer den zwei äußeren, gerade, während Sie fitzen.

Linksfitzen. Stecken Sie zwei Fäden Nr. 5 (2,5 mm) neben zwei aufeinanderfolgende Staken, dort, wo die Fitze endet, in den Boden. Halten Sie die Fäden auf der Rückseite der Arbeit. Legen Sie den linken Faden hinter eine Stake, vor die nächste, über den anderen Faden, dann wieder nach hinten. Das ist genau das Gegenteil vom Rechtsfitzen, das wir bisher angewandt haben. Nach jedem Schlag müssen beide Fäden hinten sein (Abb. 4). Setzen Sie einen neuen Faden an, wie beim Fitzen bisher, schieben Sie den neuen Faden jedoch von hinten durch, so daß das neue Ende vorne ist und das alte hinten (Abb. 5). Linksfitzen Sie 4,5 cm. Die Linksfitze muß immer so breit sein wie die Rechtsfitze, damit keine Verdrehung entstehen kann.

Der Boden soll jetzt 19 × 30 cm betragen. Schneiden Sie alle Faden- und Stakenenden sorgfältig ab. Nun ist der Boden fertig. Sie können einen weitgezogenen Zuschlagrand machen für eine Tischmatte oder weiterflechten, um ein Tablett, einen Blumen- oder Einkaufskorb zu fertigen.

Das Tablett

Das Tablett hat die gleiche Größe von 19 × 30 cm; die Seiten werden 6 cm hoch, und es bekommt zwei Henkel. Machen Sie den Boden, wie soeben beschrieben. Schneiden Sie dann 31 Staken Nr. 10 (3,35 mm) von 38 cm Länge. Spitzen Sie je ein Ende an, und stecken Sie sie in folgender Ordnung in den Boden: je eine an jede Seite der langen Staken an beiden Enden, je eine an jede Seite der äußeren kurzen Staken an beiden Enden und je eine neben jede weitere kurze Stake. Sie werden bemerken, daß Ihnen eine Stake fehlt. Wie bei den runden Böden lassen Sie sie dort

1. Die langen Staken werden durch die kurzen gesteckt
2. Das Stuhlflechtrohr wird zum Umwickeln so angesetzt
3. Das Rohr wird gleichmäßig um jeden Abschnitt gewickelt
4. Wenn man bei ovalen Arbeiten fitzt, muß eine Linksfitze der Verdrehung entgegenwirken. In der oberen Reihe sieht man den Faden, der in die Fitze gesteckt wurde
5. Fadenansetzen beim Linksfitzen

Sie brauchen für das Tablett:
(Das Rohr für den Boden ist eingeschlossen)
3 m Peddigrohr Nr. 13 (4 mm),
90 g Peddigrohr Nr. 10 (3,35 mm),
30 g Stuhlflechtrohr Nr. 6 (2,6 mm),
60 g Peddigrohr Nr. 6 (2,6 mm),
60 g Peddigrohr Nr. 5 (2,5 mm),
61 cm Henkelrohr der Stärke 8 mm,
Henkeleinsatzstücke, Seitenschneider,
Pfriem, Rundzange

fehlen, wo die Staken am dichtesten stehen. Sie können mit einer ungeraden Zahl von Staken besser arbeiten.

Biegen Sie die Staken eng am Boden nach oben; die Wölbung des Bodens ist oben. Binden Sie die Staken zusammen, während Sie mit dem Wandgeflecht beginnen. Nehmen Sie vier Fäden Nr. 6 (2,6 mm) für dieses Wandgeflecht, da es robuster sein muß als das runder Körbe. Stecken Sie die Fäden in den Boden neben vier aufeinanderfolgenden Staken. Jetzt müssen Sie mit **vier Fäden kimmen**. Legen Sie den linken Faden vor drei Staken, hinter eine und wieder nach vorn. Arbeiten Sie nacheinander mit dem jeweils linken Faden. Brechen Sie die Staken an den Enden auf, so daß sie in regelmäßigem Abstand stehen, und flechten Sie eng an der Fitze des Bodens.

Markieren Sie die Stake neben dem ersten Faden, wie Sie es schon beim Kimmen mit drei Fäden gemacht haben. Kimmen Sie bis ein Faden um die markierte Stake herumgeht. Schneiden Sie diesen Faden ab, lassen Sie jedoch ein Ende von 15 cm stehen, das später verflochten wird. Machen Sie mit den drei restlichen Fäden einen Schritt aufwärts. Kimmen Sie weiter: vor zwei, hinter eine, bis die Seiten 5 cm hoch sind. Flechten Sie jetzt das Ende des vierten Fadens in das Innere des Korbes, es füllt eine kleine Lücke. Legen Sie ein Gewicht in den Korb. Stecken Sie je zwei Henkeleinsatzstücke in beide Enden des Korbes. Lassen Sie jeweils 9 cm Zwischenraum.

Der Zuschlagrand mit vier Staken wird wie der Rand mit drei Staken gemacht, nur daß Sie eben vier Staken nach rechts, jede hinter die nächste Stake und wieder nach vorn legen müssen. Beim Flechten haben Sie nun immer vier Paare statt drei vorn, und zum Schluß müssen Sie vier Fäden in den Anfang des Randes flechten. Wenn Sie sehr ehrgeizig und geschickt sind, können Sie es auch mit fünf Staken versuchen. Je mehr Staken Sie nehmen, umso dicker und kräftiger wird der Rand. Machen Sie zum Schluß noch nach Belieben den einfachen Einsteckrand aus dem Kapitel »Zwei Körbe«, Abbildung 7, da er der Arbeit einen ordentlichen Abschluß gibt.

Schneiden Sie zwei Henkelrohre von 30 cm Länge. Weichen Sie sie gut ein, und biegen Sie sie u-förmig. Spitzen Sie die Enden an der Innenseite des Bogens an. Nehmen Sie die Einsatzstücke heraus, stecken Sie die Henkel hinein, umwickeln und befestigen Sie sie.

Der Blumenkorb

Dieser Korb hat den gleichen Boden wie das Tablett, und seine Seiten sind 10 cm hoch, dazu kommt dann noch der Henkel. Machen Sie den Boden. Schneiden Sie 31 Staken Nr. 10 (3,35 mm) von 48 cm Länge. Obwohl dieser Korb nur 5 cm höher als das Tablett ist, geht sein Rand weiter nach außen, d. h., daß die Randstaken weiter auseinander stehen, deshalb muß man mehr Staken nehmen.

Stecken Sie die Staken wie beim Tablett ein, biegen Sie sie hoch, und

Sie brauchen für den Blumenkorb:
(Das Rohr für den Boden ist eingeschlossen)
3 m Peddigrohr Nr. 13 (4 mm),
120 g Peddigrohr Nr. 10 (3,35 mm),
120 g Stuhlflechtrohr Nr. 6 (2,6 mm),
120 g Peddigrohr, Nr. 6 (2,6 mm),
120 g Peddigrohr, Nr. 5 (2,5 mm),
66 cm Henkelrohr der Stärke 8 mm,
Henkeleinsatzstücke, Seitenschneider,
Pfriem, Rundzange

beginnen Sie das Wandgeflecht mit einer Runde Kimmen mit vier Fäden. Kimmen Sie dann vier weitere Runden mit drei Fäden.

Schneiden Sie 31 Zusatzstaken Nr. 10 (3,35 mm) von 13 cm Länge. Spitzen Sie je ein Ende an, und schieben Sie sie rechts von jeder Stake in die Kimme. Zäunen Sie 8 cm mit einem Faden Nr. 6 (2,6 mm), versuchen Sie dabei, die Wände weit nach außen zu flechten; aber gerade. Mit einem Stein oder Gewicht im Korb können Sie leichter arbeiten.

Stecken Sie an jeder Seite ein Henkeleinsatzstück ein. Kimmen Sie vier Runden. Biegen Sie dabei weiter die Seiten auswärts. Machen Sie einen Zuschlagrand mit drei, vier oder fünf Rohren, und wenn Sie wollen noch den einfachen Einsteckrand. Schneiden Sie ein Henkelrohr von 66 cm Länge, und bringen Sie den Henkel an.

Der gedrehte Henkel. Schneiden Sie zehn Rohre Nr. 5 (2,5 mm) von 56,5 cm Länge. Spitzen Sie je ein Ende an, und stecken Sie an jeder Seite fünf neben den Henkelbogen. Stecken Sie sie links von den Henkelenden von oben in den Rand.

Beginnen Sie auf einer Seite. Führen Sie das eine Bündel schräg rechts vor den Henkelbogen, wickeln Sie es dann drei- bis viermal um den Bogen, bis Sie die andere Seite erreichen. Lassen Sie die Enden innen im

Oben links: Die Rohre werden neben dem Henkelrohr eingesteckt, um wie ein Seil gedreht zu werden.

Oben rechts: Der Henkel wird umwickelt. Die Rohre werden um das Henkelrohr herum zur anderen Seite gelegt.

Unten: Wenn das Henkelrohr bedeckt ist, wird jedes Rohr einzeln um den Henkel geführt, damit ein Fischgrätmuster entsteht.

Korb. Wiederholen Sie das mit dem Bündel von der anderen Seite. Wickeln Sie es in die Zwischenräume des ersten Bündels. Achten Sie darauf, daß die Rohre sich nicht untereinander verdrehen. Wenn beide Bündel an ihrem Platz sind, können immer noch Zwischenräume da sein. Schneiden Sie dann zwei weitere Fäden, stecken Sie je einen rechts neben die Bündel, und legen Sie sie ebenso seilartig auf die andere Seite. Wenn nötig, können Sie das mit zwei weiteren Fäden wiederholen. Wenn der Henkel an einigen Stellen aufgefüllt ist und an anderen nicht, so bedeutet das, daß die ursprüngliche Wickelung nicht gleichmäßig war. Probieren Sie es dann noch einmal. Schieben Sie alle Fadenenden durch die Kimme nach rechts vom Henkel unterhalb der Kimme von innen nach außen. Achten Sie darauf, daß die Fäden ihre Ordnung behalten.

Der Fischgrätabschluß. Die Fäden werden nach oben, um den Henkel herum und wieder nach vorn geführt. Nehmen Sie jeweils nur einen Faden. Halten Sie den Korb mit einer Seite so zu sich, daß die Fadenenden rechts vom Henkel herausschauen. Nehmen Sie den linken Faden, führen Sie ihn nach oben quer über die Kimme, über den Rand links vom Henkel, hinten um den Henkel herum und wieder schräg über die Kimme nach unten. Stecken Sie den Faden unterhalb der Kimme links vom Henkel auf die Innenseite des Korbes. Machen Sie das nacheinander mit allen Fäden. Achten Sie darauf, daß die Kreuze gleichmäßig und jedes etwas höher als das vorherige ist.

Wenn alle Fäden innen im Korb sind, werden sie in der Kimme verflochten, damit sie befestigt sind. Wiederholen Sie das Fischgrätmuster auf der anderen Seite.

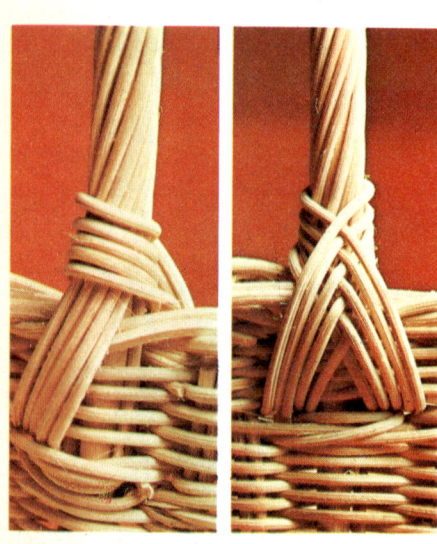

Oben: Die Details zeigen den gedrehten Henkel auf der Innenseite des Korbes und das Fischgrätmuster außen.

Gegenüber: Für die Puppenwiege mit Zopfabschluß müssen Sie einige neue Techniken lernen und sehr sorgfältig flechten.

Der Einkaufskorb

Der Einkaufskorb ist eine Kombination der beiden vorherigen Körbe. Machen Sie den Boden genau wie vorher. Schneiden Sie 45 Staken. Beginnen Sie das Wandgeflecht. Halten Sie die Seiten sehr gerade. Machen Sie den Henkel und Abschluß genau wie vorher.

Allgemeine Hinweise

Nicht jedermann hat ein absolut zuverlässiges Augenmaß, das ihm hilft, ein exaktes Oval von einem unregelmäßigen Oval – einer Eiform also – zu unterscheiden. Soll heißen: wenn Sie ein wirklich ovales Körbchen oder Tablett flechten sollen, könnten Sie sich die gewünschte Form zuvor auf einen großen Bogen Papier aufzeichnen und mit Hilfe dieser »Schablone« auch immer wieder kontrollieren, ob Sie sich dieser Silhouette gleichmäßig nähern oder ob Sie da und dort enger, an anderen Stellen dafür etwas lockerer flechten müssen. Beziehungsweise: Sie können dann die fertige Arbeit überprüfen und erkennen, ob Sie die Form noch etwas zurechtstauchen und -drücken müssen. Fortgeschrittene und erfahrene Korbflechter brauchen solche Hilfen natürlich nicht, dem Anfänger können sie aber helfen, schneller zu guten und befriedigenden Arbeitsergebnissen zu kommen.

Aufbauen und Kettenfitzen

Die abgebildete Wiege zu flechten wird Ihnen Spaß machen, und Sie lernen dabei einige neue Techniken. Der Boden kann genauso gemacht werden, wie Sie es im letzten Kapitel gelernt haben; Sie können ihn aber auch auf eine neue Weise herstellen. Die neuen Techniken dieses Kapitels sind Kettenfitzen, Zopfabschluß und Aufbauen. Das Kettenfitzen am Boden ist nicht notwendig, aber es sieht sehr hübsch aus und ist nicht schwer. Der Zopfabschluß sieht schwierig aus, Sie werden ihn aber schon beim ersten Mal richtig hinkriegen, wenn sie der Arbeitsanleitung sorgfältig folgen. Aufbauen heißt, daß eine Seite des Korbes höher wird als der Rest, und daß so unterschiedliche Ebenen entstehen.

Für die Puppenwiege brauchen Sie:
60 g Peddigrohr Nr. 13 (4 mm),
170 g Peddigrohr Nr. 103 (35 mm),
60 g Peddigrohr Nr. 5 (2,5 mm),
170 g Peddigrohr Nr. 6 (2,6 mm),
1,8 m Stuhlflechtrohr Nr. 6 (2,6 mm),
Seitenschneider, Pfriem, Rundzange

Für die Kufen:
2 Stück Weichholz 50 × 25 mm, 28 cm lang,
4 Messingschrauben Nr. 10, 25 mm lang mit Unterlegscheiben oder Schraubenkopf, mit denen die Kufen am Korb befestigt werden, Werkzeug zum Beschneiden der Kufen, Säge und feines Schmirgelpapier

Die Wiege

Die Wiege ist 30 cm hoch und 37 cm lang. Die Kufen sind nicht unbedingt nötig. Wenn Sie nicht mit Holz arbeiten können, lassen Sie sie einfach fort.

Schneiden Sie drei 32 cm lange Staken und acht 23 cm lange Staken aus Rohr Nr. 13 (4 mm) für den Boden. Machen Sie das Bodenkreuz, und umwickeln Sie die langen Staken wie vorher.

Kettenfitzen. Um zu verhindern, daß ovale Arbeiten sich verziehen, muß der Boden eine gleiche Anzahl von rechtsgefitzten und linksgefitzten Runden haben. Wenn man diese beiden Techniken abwechselnd verwendet, entsteht ein sehr hübsches Kettenmuster.

Beginnen Sie an einer Längsseite mit einem Faden Nr. 5 (2,5 mm) eine Rechtsfitze. Fitzen Sie nur eine halbe Runde. Schlingen Sie einen zweiten Faden um die nächste Stake und linksfitzen Sie, bis Sie die Fäden der Rechtsfitze erreichen. Lassen Sie die Fäden der Linksfitze hängen und rechtsfitzen Sie mit den richtigen Fäden, bis Sie die Fäden der Linksfitze wieder erreichen. Flechten Sie so weiter. Achten Sie darauf, daß nie ein Fadenpaar über das andere geht. Halten Sie die Fäden der Linksfitze auf der Rückseite der Arbeit, die der Rechtsfitze vorn.

Brechen Sie alle Staken in der dritten Runde einzeln auf, und geben Sie dem Boden eine leichte Wölbung. Kettenfitzen Sie, bis die Arbeit 19 × 30 cm mißt. Schneiden Sie die Staken- und Fadenenden ab.

Für das Wandgeflecht brauchen Sie 31 Staken Nr. 10 (3,35 mm). Diese müssen in der Länge verschieden sein. 15 kürzere gehen um das Fußende der Wiege. Schneiden Sie sie 52 cm lang. Die 16 längeren Staken bilden des Verdeck der Wiege, sie müssen stufenweise länger werden. Schneiden Sie je zwei Staken, beginnend mit 53 cm und dann jeweils 2,5 cm länger. Die Länge richtet sich danach, wie hoch und wie weit vorgewölbt Sie das Verdeck haben möchten. Sehen Sie sich das Bild auf Seite 41 an. Spitzen Sie je ein Stakenende an, und schieben Sie es in den Boden. Die leichte Wölbung des Bodens ist im Korb. Achten Sie darauf, daß die Staken von beiden Seiten stufenförmig länger werdend angeordnet sind. Biegen Sie alle Staken eng an der Bodenfitze leicht und ohne sie zu brechen nach oben. Binden Sie sie in zwei Bündeln zusammen. Ein

Bündel am Fußende, eins am Kopfende. Dadurch wird es leichter das Wandgeflecht zu machen, und es verhindert, daß der Boden sich verdreht.

Schieben Sie vier Fäden Nr. 6 (2,6 mm) in den Boden, und kimmen Sie damit eine Runde. Kimmen Sie danach mit drei Fäden fünf Runden. Vergessen Sie den Schritt aufwärts nie.

Schneiden Sie 31 Zusatzstaken, die Hälfte 13 cm lang, die an andere Hälfte langsam ansteigend bis zu einer Länge von 28 cm. Schieben Sie je eine, angespitzt, rechts neben den Staken in die Kimme des Wandgeflechts. Stecken Sie die längste Zusatzstake neben die länste Stake usw. Zäunen Sie 5 cm mit einem Faden Nr. 6 (2,6 mm). Biegen Sie die Seiten etwas auswärts, an den Enden etwas stärker. Kimmen Sie zwei Runden mit drei Fäden Nr. 6.

Um das Verdeck zu machen, müssen Sie **aufbauen**. Beginnen Sie am Kopf der Wiege mit einem Faden Nr. 6 zu zäunen. Flechten Sie nach rechts, bis Sie die Mitte der Seite erreichen. Schlingen Sie den Faden um die nächste Stake, und flechten Sie zurück zum Kopfende, dann weiter, bis Sie die Mitte der anderen Seite erreichen. Schlingen Sie den Faden wieder um die nächste Stake, so daß er wiederum zum Kopfende zeigt. Zäunen Sie wieder bis zur anderen Seite, drehen Sie diesmal aber schon eine Stake vorher um. Wiederholen Sie das auf der gegenüberliegenden Seite (Abb. 1). Flechten Sie weiter hin und her, drehen Sie in jeder Reihe eine Stake früher um. Biegen Sie die Staken beim Flechten nach vorn, damit das Verdeck geformt wird. Flechten Sie so lange, bis Sie den Faden um die beiden längsten Staken geschlungen haben. Lassen Sie ihn auf der Innenseite der Arbeit hängen.

Kimmen Sie mit Rohr Nr. 6 zwei Runden ganz um die Wiege herum, und bauen Sie dann wieder auf, wie vorher. (Wenn Sie ein größeres Verdeck machen wollen, können Sie den Aufbauvorgang ein drittes Mal wiederholen.) Kimmen Sie zum Schluß noch zwei Runden mit Rohr Nr. 6. Schneiden Sie alle Zusatzstaken und Fäden ab, **aber nicht die Staken**. Jetzt können Sie einen Zuschlagrand mit drei Rohren machen, ein Zopfabschluß ist jedoch dekorativer.

Der Zopfabschluß. Weichen Sie die Arbeit gut ein. Lassen Sie sich von Fehlern nicht entmutigen. Machen Sie den Rand wieder auf, und versuchen Sie es noch einmal. Das Ergebnis ist die Mühe und Zeit wert.

Schneiden Sie drei Rohre Nr. 10 (3,35 mm) von 25 cm Länge und zwei Rohre von 8 cm Länge. Die langen Rohre sind Ersatzstaken, sie werden zum Schluß durch die richtigen ersetzt. Die kurzen Rohre dienen nur als Polster, die verhindern, daß die ersten Rohre so tief niedergebogen werden, daß die letzten Staken am Ende des Randes nicht unter die Biegung geschoben werden können. Sie werden später entfernt.

Biegen Sie alle Staken 5 mm oberhalb der Kimme mit der Rundzange, so daß sie leicht nach rechts gelegt werden können. Beginnen Sie am Fußende (dort ist es am einfachsten), und legen Sie ein 8 cm-Rohr im rech-

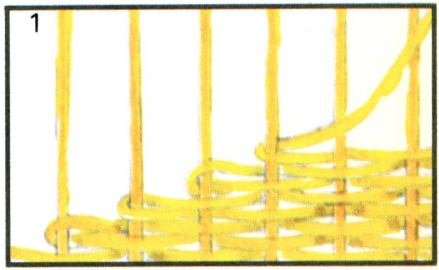

Um ein Verdeck zu machen, müssen Sie eine Seite des Korbes aufbauen. Ein Faden wird dazu um eine sich verringernde Zahl von Staken geführt.

ten Winkel zur Kimme gegen eine Stake, und biegen Sie die erste Stake darüber nach vorne. Legen Sie ein Ersatzrohr neben die Stake. Lassen Sie 5 cm davon nach innen ragen. Legen Sie das nächste 8 cm-Rohr gegen die zweite Stake rechts, und biegen Sie die Stake darüber. Legen Sie die zweite Ersatzstake hinter sie (Abb. 2).

Legen Sie das linke erste Paar über das zweite Paar und zwischen den nächsten zwei aufrechten Staken in den Korb hinein.

Biegen Sie dritte Stake vor diesem Paar herunter und legen Sie die dritte Ersatzstake längsseits neben diese Stake (Abb. 3).

Legen Sie das zweite Paar über das dritte Paar und zwischen den beiden

2. Die kurzen Rohrstückchen machen Platz für die Enden, die zum Schluß durchgesteckt werden und die Ersatzstaken ersetzen.

3. Das linke Paar geht über das nächste Paar nach innen. Links von ihm bleibt eine aufrechte Stake, die niedergebogen wird und mit einer Ersatzstake ein Paar bildet.

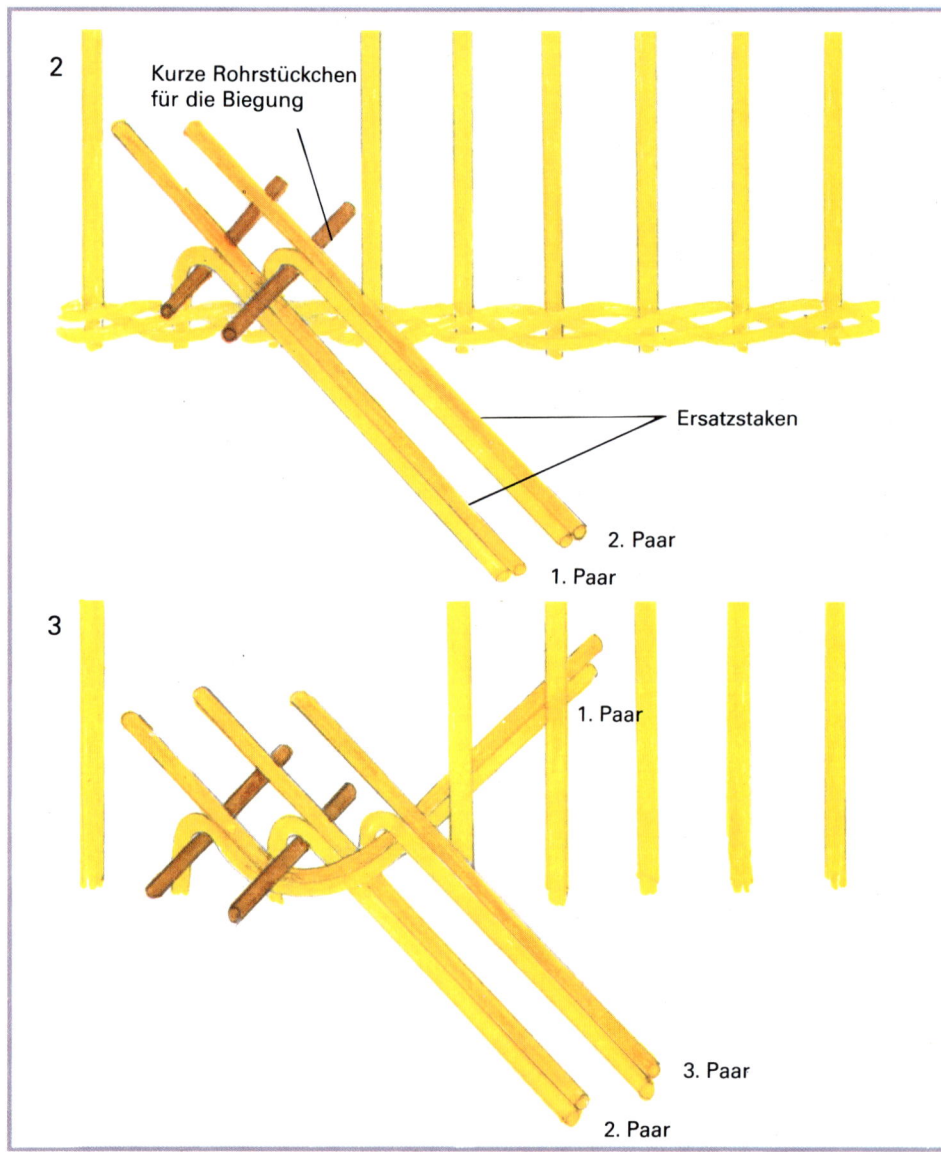

2 Kurze Rohrstückchen für die Biegung

Ersatzstaken

2. Paar

1. Paar

3 1. Paar

3. Paar

2. Paar

nächsten aufrechten Staken nach innen. Biegen Sie die vierte Stake nach vorn herunter (Abb. 4). Legen Sie das linke Paar von der Innenseite der Arbeit wieder nach vorn, neben aber hinter die Stake, die Sie gerade umgebogen haben (Abb. 5). Wiederholen Sie den letzten Schlag mit dem dritten Paar, und bringen Sie wieder das linke Paar auf der Innenseite nach vorne neben und hinter die fünfte Stake, wie Abbildung 6 zeigt. Von nun an haben Sie zwei Paare auf der Innenseite. Bringen Sie immer das linke nach vorn, nachdem Sie die nächste Stake umgebogen haben. Gleichzeitig haben Sie zwei Bündel mit drei Rohren vorne. Nehmen Sie, von rechts gezählt, jeweils das fünfte und sechste Rohr zwischen den

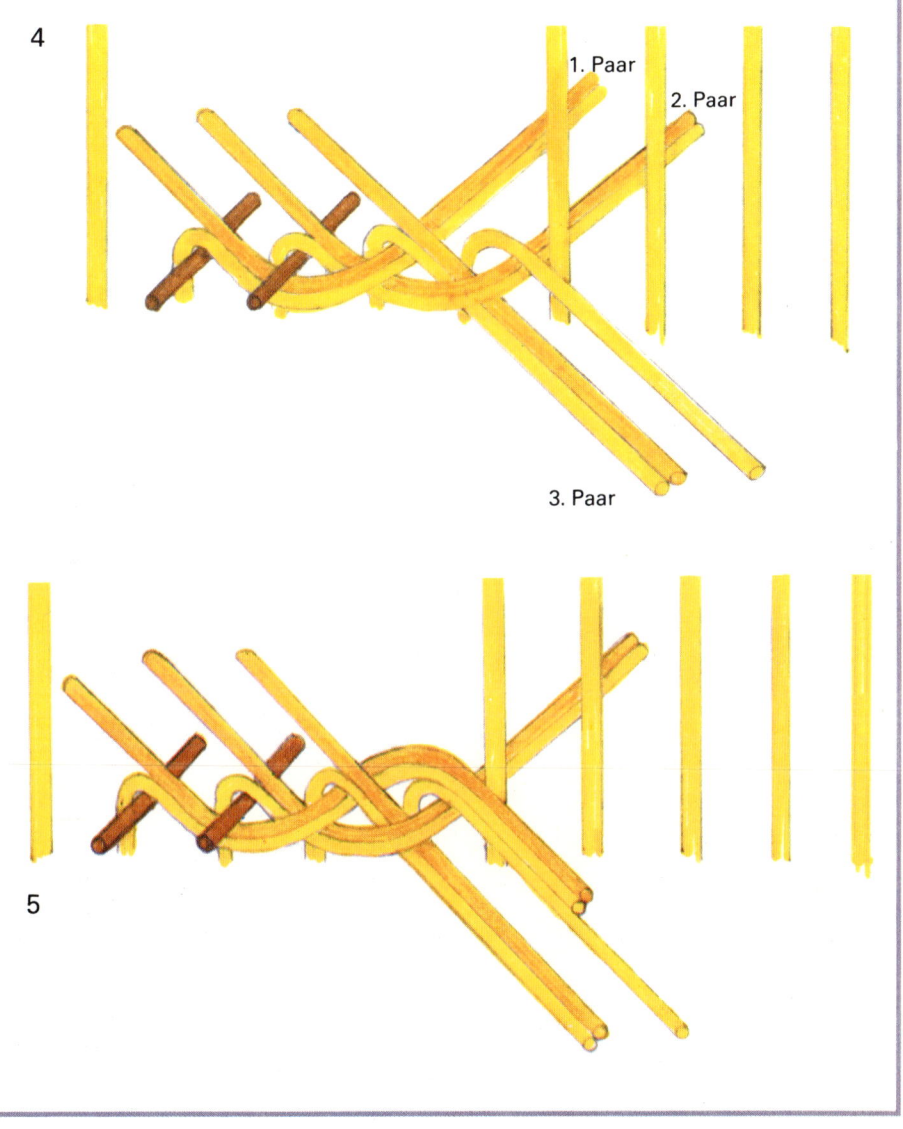

4

1. Paar

2. Paar

3. Paar

5

4. Das zweite Paar geht über das nächste Paar und zwischen den nächsten beiden aufrechten Staken nach rechts.

5. Das erste Paar geht bei seinem Weg nach vorn über das zweite Paar und liegt dann neben der vierten Stake.

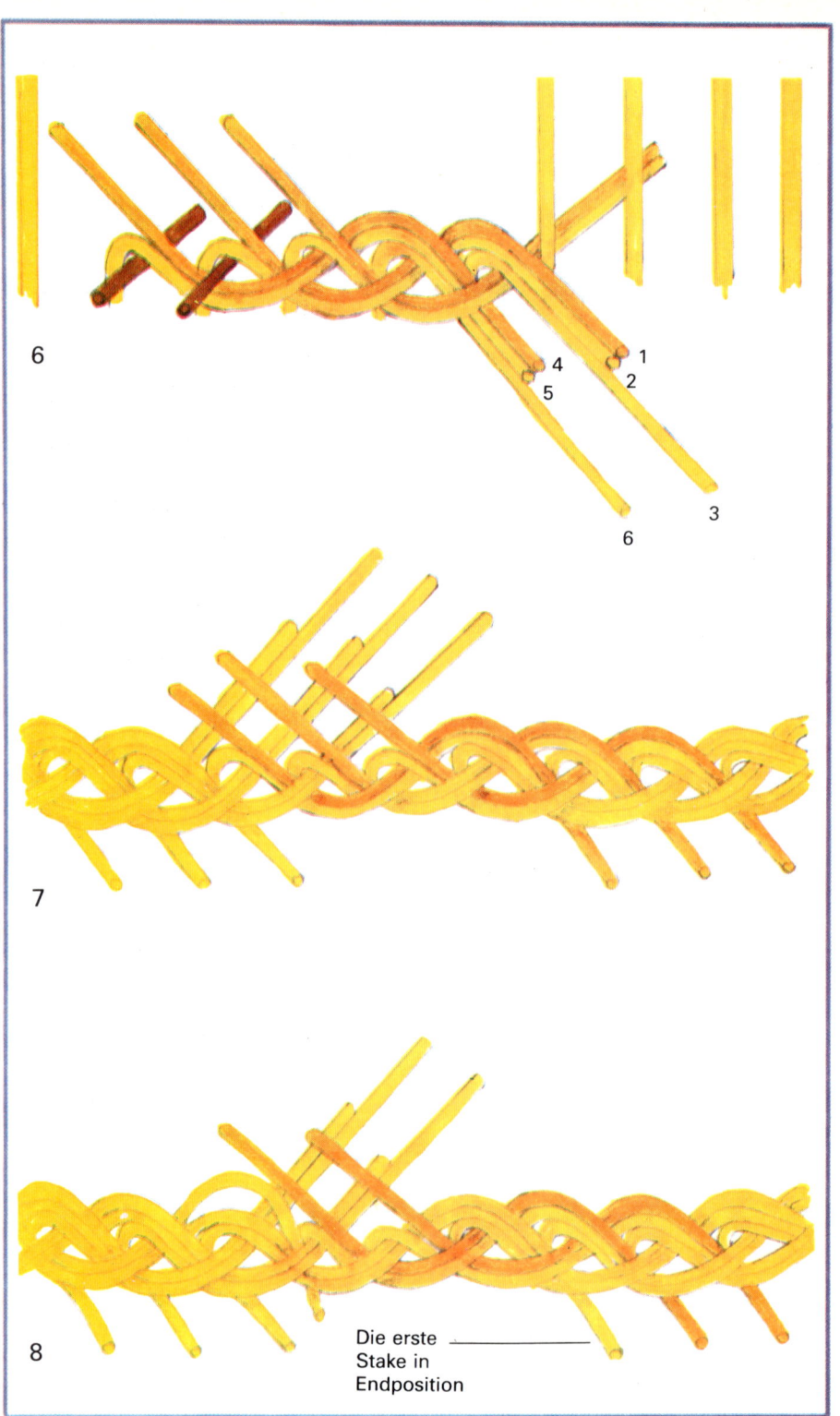

6. Das dritte Paar geht nach innen, das zweite Paar kommt darüber nach außen und liegt dann neben der fünften Stake.

7. Die kurzen Rohrenden werden herausgenommen und nun müssen die richtigen Staken an Stelle der Ersatzstaken treten.

8. Die erste Ersatzstake wird Schritt für Schritt entfernt, und die längere Stake des Paares an ihre Stelle geflochten.

Die erste Stake in Endposition

nächsten zwei aufrechten Staken und über die ersten vier Rohre auf die Innenseite des Korbes. Helfen Sie sich mit dem Spruch: »fünf und sechs hinein, nächste Stake runter, und das linke Paar kommt nach draußen.« Wenn Sie plötzlich ein Rohr haben, das zu kurz ist, um den Schlag zu vollenden, dann haben Sie die Rohre beim rein- und rausflechten verdreht.

Machen Sie nun die ganze Runde, wie Sie es eben gelernt haben. Biegen Sie jede Stake eng an der Kimme herunter. Lassen Sie keine Zwischenräume zwischen Rand und Kimme. Arbeiten Sie, bis Sie die letzte Stake niedergebogen haben und das linke innere Paar nach außen kommt.

Um den Rand zu beenden müssen sie das erste 8 cm-Rohr herausnehmen (wenn es nicht schon herausgefallen ist) und das fünfte und sechste Rohr von rechs unter die Biegung der zweiten Stake schieben (Abb. 7). Jetzt sind drei Paare auf der Innenseite, je ein langes und ein kurzes Rohr pro Paar. Jedes rechte Rohr (die Langen) ist eine richtige Stake, die den Platz einer Ersatzstake einnehmen muß. Achten Sie auf die richtige Reihenfolge. Nehmen Sie das linke Rohr, die erste Ersatzstake, nach und nach aus dem Geflecht, und ersetzen Sie sie durch die richtige Stake. Nehmen Sie nicht soviel von der Ersatzstake auf einmal heraus, daß Sie den Platz verlieren, in den die richtige Stake gehört (Abb. 8). Wiederholen Sie das mit den mittleren und restlichen rechten Rohren. Jetzt haben Sie auf der Innenseite des Korbes drei übrige Rohre. Führen Sie diese nach rechts und durch den Rand nach vorne. Jetzt ist der Rand rundherum einheitlich fertig. Schneiden Sie die Rohrenden so nahe am Zopf wie möglich ab. Man sieht sie dann kaum noch.

Machen Sie die Kufen, indem Sie von zwei Holzstücken die Ecken schräg absägen (Abb. 9). Runden Sie die Ecken mit einer Feile ab, und glätten Sie die Rundung mit feinem Schmirgelpapier. Bestimmen Sie, wo die Kufen an der Wiege angebracht werden sollen. Bohren Sie für die Schrauben jeweils 8,5 cm von den Enden der Kufen in deren obere Fläche Löcher mit dem Pfriem oder einem Bohrer. Lackieren Sie die Kufen. Schieben Sie die Schrauben durch die Unterlegscheiben und in die dazu passenden Löcher in den Kufen. Zerstören Sie keine Staken oder Fäden mit den Schrauben. Ziehen Sie die Schrauben an, damit die Kufen festsitzen. Wie wir schon vorher sagten, ist es nicht unbedingt nötig, Kufen an die Wiege zu machen. Sie könnten nämlich auch eine fahrbare Puppenwiege anfertigen. Dafür schrauben Sie unter den fertigen Korb zwei Holzleisten, bohren deren Enden mit einem dünnen Bohrer an und befestigen dann Räder an den Leisten-Enden. Verwenden Sie dazu sehr lange Schrauben mit langem, gewindelosem Schaft-Oberteil und außerdem Beilegscheiben. In Eisenwarengeschäften werden Sie viele Räder in unterschiedlichen Größen finden, die sie mit Hilfe der langen Schrauben unter die Wiege montieren. Denkbar ist auch diese Lösung: Befestigen Sie vier kleine Möbelrollen an einer ovalen Spanplatte, die Sie dann unter den Boden der Wiege schrauben.

9

Oben: Die Ecken werden schräg abgesägt und dann die Schnittflächen rund gefeilt.

Unten: Die Kufen werden am Boden der Wiege angebracht
Ganz unten: Die Schrauben an ihrem Platz

Ovale Flaschenkörbchen

Die abgebildeten Flaschenkörbchen haben ovale Böden. Um sie zu machen, muß man die Technik des Aufbauens verwenden und eine Variation davon, einen Einschnitt für den Flaschenhals aussparen. Zwei verschiedene Henkellösungen werden vorgestellt. Die erste hat zwei gebogene flexible Henkel, die zweite besteht aus einem T-förmigen Griff. Nach Fertigstellung kann man die Körbchen mit Holzfarben einfärben. Sie können auch selber einen Korb entwerfen.

Sie können z.B. beide Enden des Korbes aufbauen und einen Obst- oder Blumenkorb machen. Machen Sie einen Henkel mit einem Kreuz, und umwickeln Sie ihn mit Stuhlflechtrohr, oder machen Sie mit Peddigrohr einen gedrehten Henkel.

Das Körbchen mit den gebogenen Henkeln
Der Boden des Körbchens mißt 17 × 10,5 cm, nach dem Aufbauen ist es 27 cm lang.

Schneiden Sie für den Boden aus Rohr Nr. 10 (3,35 mm) sechs Staken von 11,5 cm Länge und drei Staken von 18 cm Länge. Stecken Sie die langen Staken durch die kurzen, und bilden Sie eine ovale Form mit den kurzen Staken in der Mitte mit einem Abstand von 1,6 cm voneinander angeordnet. Umwickeln Sie, wenn Sie wollen, die langen Staken mit Stuhlflechtrohr Nr. 2 (1,85 mm).

Rechtsfitzen und linksfitzen Sie mit Rohr Nr. 3 (2 mm), bis der Boden 15 × 9,5 cm mißt. Formen Sie den Boden leicht gewölbt. Die Wölbung bildet die Innenseite des Korbes. Bilden Sie aus der Rechtsfitze und der Linksfitze irgendein Muster, flechten Sie von beidem die gleiche Anzahl von Runden. Kettenfitzen Sie, wenn Sie mögen, es sieht sehr hübsch aus.

Beginnen Sie das Wandgeflecht, indem Sie 27 Staken Nr. 8 (3 mm) schneiden; 16 davon müssen 30 cm lang sein, die restlichen 11 müssen schrittweise eine Maximallänge von 35 cm erreichen. Diese letzteren Staken sind für das herausragende Ende des Korbes, das etwas höher ist und die Flasche hält. Spitzen Sie je ein Ende der Staken an, und stecken Sie sie so in den Boden, daß die siebenundzwanzigste eine kurze Stake am Ende des Korbes ist. Die längeren Staken bilden das Vorderteil des Korbes, die längste kommt genau in die Mitte. Biegen Sie die Staken ganz nahe am Boden aufwärts. Binden Sie sie oben zusammen. Beginnen Sie das Wandgeflecht mit einer Runde Kimme mit vier Fäden, kimmen Sie dann zwei Runden mit drei Fäden. Nehmen Sie Rohr Nr. 6 (2,6 mm) und schneiden Sie 27 Zusatzstaken Nr. 5 (2,5 mm), 21 10 cm lang und sechs 30 cm lang. Spitzen Sie sie an, und schieben Sie sie rechts von den Staken in das Flechtwerk. Die längeren Zusatzstaken

Diese Flaschenkörbe werden auf dieselbe Art gemacht, nur die Henkel sind anders.

Hier sieht man deutlich, wie der Henkel an den Korb geformt wird

gehören zu den längeren Staken. Diese langen Zusatzstaken werden schließlich »Staken«, die die Tülle des Korbes bilden.

Zäunen Sie zehn Runden mit einem Faden Nr. 6 (2,6 mm). Halten Sie die Staken der Seiten und des Endes gerade nach oben, biegen Sie jedoch die Staken der Vorderseite leicht nach vorn und nach außen. Kimmen Sie drei Runden mit Rohr Nr. 6, während Sie die Vorderseite des Korbes formen. Zäunen Sie dann sechs Runden mit einem Faden Nr. 5 (2,5 mm), und formen Sie dabei weiter an der Vorderseite. Sie nehmen zum Zäunen feineres Peddigrohr, da Sie damit besser formen können. Brechen Sie in der nächsten Runde Zäunen die sechs langen Staken und Zusatzstaken vorne einzeln auf. Zäunen Sie zwei weitere Runden, halten Sie die Vorderstaken einzeln, und formen Sie die Vorderseite weit nach außen.

Bauen Sie die Tülle auf, indem Sie mit einem Faden Nr. 5 (2,5 mm) hin und her zäunen. Beginnen Sie bei der fünften Stake hinter der Mitte des Korbendes, und flechten Sie zur Vorderseite, um sie herum, vorne um die fünfte Stake vor der Mitte des Korbendes herum und wieder die Runde zurück, allerdings nur bis zu einer Stake weniger als vorher. Flechten Sie so weiter, lassen Sie in jeder Runde an jeder Seite eine Stake mehr aus, bis Sie schließlich nur noch um die letzten beiden Staken herumflechten. Formen Sie während des ganzen Vorgangs an der Tülle. Lassen Sie das Fadenende im Korb. Kimmen Sie zwei ganze Runden mit Rohr Nr. 6 (2,6 mm). Schneiden Sie alle Enden der **21 kürzeren Zusatzstaken** ab. Schneiden Sie die sechs längeren Zusatzstaken nicht ab, aus ihnen bilden Sie den Rand.

Der Rand. Machen Sie einen Zuschlagrand mit vier Staken. Schneiden Sie dann alle Staken- und Fadenenden ab.

Die Henkel. Schneiden Sie zwei Henkelrohre der Stärke 8 mm von 53 cm Länge. Machen Sie an beide Enden beider Henkel eine Art Zunge, indem Sie das Rohr an einer Seite beschneiden (Abb. 1). Die Zunge sollte etwa 15 cm lang sein. Die Zungen müssen an allen Rohrenden die gleiche Lage haben.

Weichen Sie die Henkelrohre gut ein, und biegen Sie sie in die richtige Form. Schieben Sie die Zungen von außen unter der oberen Kimme in den Korb. Schieben Sie sie, wie das Bild zeigt, nahe der vierten Stake von vorne und der vierten Stake von hinten in den Korb. Biegen Sie die Zunge nach oben über den Rand, so daß sie auf den Henkel trifft (Abb. 2). Bilden Sie die Öse über Ihren Finger oder den Griff des Pfriems. Beide Henkel müssen gleich lang und hoch sein.

Befestigen Sie die Zungen mit Klebeband an den Henkeln. Lassen Sie die Arbeit trocknen. Nehmen Sie das Klebeband fort. Kleben Sie Zunge und Henkel mit Alleskleber zusammen. Wickeln Sie wieder Klebeband herum, bis der Klebstoff trocken ist. Umwickeln Sie beide Henkel mit Stuhlflechtrohr Nr. 6 (2,6 mm). Bilden Sie aus diesem Rohr oberhalb der Öse, d. h. der Stelle, wo die Zunge sich mit dem Henkel verbindet, ein L (Abb. 3). Das ergibt einen gesicherten Anfang.

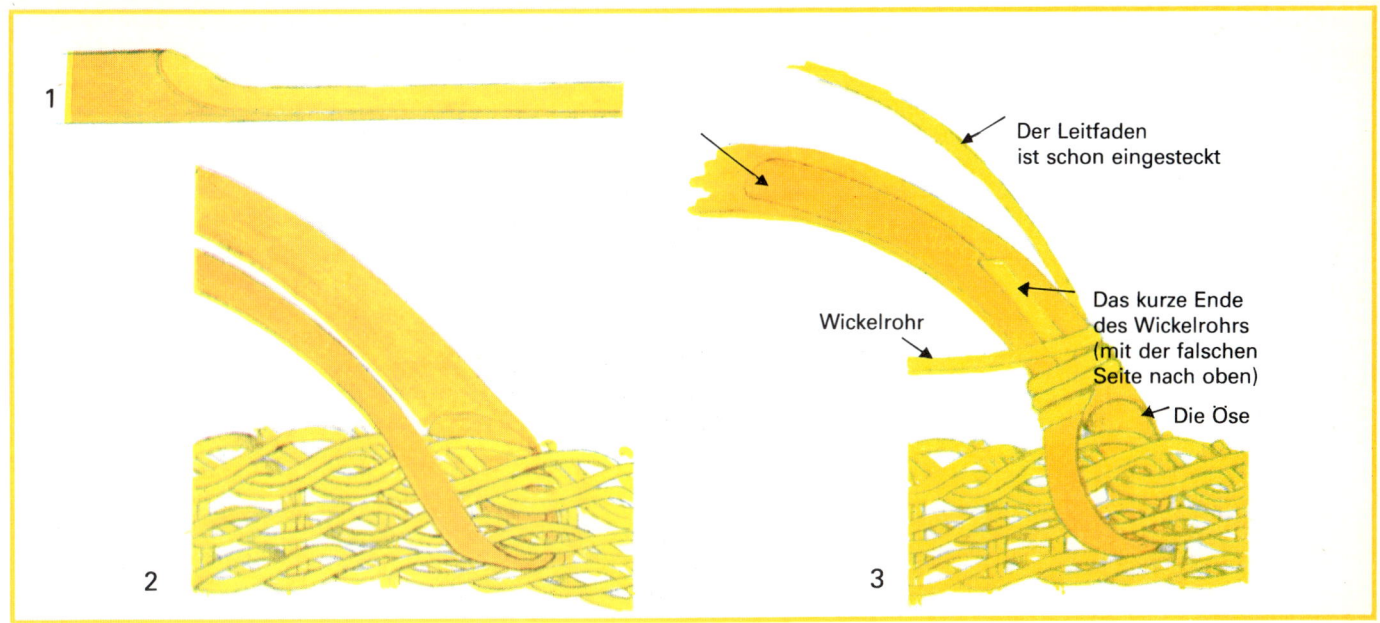

1 Der Leitfaden ist schon eingesteckt

Wickelrohr

Das kurze Ende des Wickelrohrs (mit der falschen Seite nach oben)

Die Öse

2

3

Jetzt können Sie mit dem langen Ende wickeln. Legen Sie über den Bogen des Henkels ein Stück Stuhlflechtrohr, und befestigen Sie es zusammen mit dem kurzen Ende des Wickelrohrs.

Machen Sie beim Wickeln damit ein beliebiges Muster. Wickeln Sie bis auf die andere Seite des Henkels. Machen Sie dort vor der Öse den Abschluß durch vier einfache Umwicklungen. Schieben Sie das Ende des Wickelfadens in die Wickelung, indem Sie diese etwas lockern. Sie können den Wickelfaden auch befestigen, indem Sie ihn durch den Spalt zwischen der Zunge und dem Henkel schieben und dort mit Alleskleber festkleben.

Das Flaschenkörbchen mit dem T-förmigen Henkel

Der Boden dieses Körbchens wird genauso gemacht, wie der des ersten Flaschenkörbchens. Die Form ist ähnlich, aber dieses Körbchen bekommt einen Zopfabschluß mit einem Einschnitt im Aufbau für den Flaschenhals. Sie können ein anderes Muster wählen, die Henkel des vorigen Körbchens anbringen und auch einen anderen Rand flechten.

Flechten Sie den Boden. Beginnen Sie das Wandgeflecht wie vorher, bis Sie die Zusatzstaken schneiden müssen.

Schneiden Sie 27 Zusatzstaken Nr. 8 (3 mm). 16 müssen 10 cm lang sein, und die restlichen 11 müssen schrittweise länger werden bis zu einer Maximallänge von 18 cm. Schieben Sie eine rechts von jeder Stake in das Geflecht. Die längsten müssen ganz vorne sein. Zäunen Sie zehn Runden mit einem Faden Nr. 6 (2,6 mm). Stecken Sie drei Henkeleinsatzstücke ein – eins genau in der Mitte hinten und je eins auf beiden Seiten bei der sechsten Stake von vorn. Diese beiden müssen gut in der vorde-

1. Das Henkelrohr wird zu einer Zunge geformt
2. Die Zunge wird durch das Geflecht geschoben und zurückgebogen
3. Die Zunge wird durch Umwickeln mit Stuhlflechtrohr befestigt

Für das Körbchen mit dem T-Henkel brauchen Sie:
30 g Peddigrohr Nr. 3 (2 mm),
85 g Peddigrohr Nr. 6 (2,6 mm),
60 g Peddigrohr Nr. 8 (3 mm),
1,85 m Peddigrohr Nr. 10 (3,5 mm), für die Bodenstaken;
1 m Stuhlflechtrohr Nr. 2 (1,85 mm), wenn Sie die Bodenstaken umwickeln wollen;
5,5 m Stuhlflechtrohr Nr. 6 (2,6 mm) zum Umwickeln der Henkel,
1,20 m Henkelrohr der Stärke 8 mm,
3 Henkeleinsatzstücke, Alleskleber, 1 kleinen Nagel, Seitenschneider, Pfriem, Rundzange

ren Hälfte des Korbes sitzen, damit dieser beim Einschenken sein Gleichgewicht behält.

Schneiden Sie zwei 15 cm lange Rohre von 8 mm Stärke. Spitzen Sie je ein Ende an, und weichen Sie sie gut ein. Stecken Sie diese beiden Rohre vorne in das Geflecht, sie bilden die Ränder der Öffnung. Stecken Sie sie neben die beiden Staken, die links und rechts von der Mittelstake stehen, so daß nur diese eine Stake zwischen ihnen steht. Nehmen Sie, wenn nötig, die Zusatzstaken heraus, um für diese Rohre Platz zu schaffen. Biegen Sie die Rohre so, wie Sie die Öffnungen wünschen. Zäunen Sie neun Runden mit einem Faden Nr. 6 (2,6 mm). Drücken Sie dabei die vorderen Staken nach außen.

Bauen Sie die Vorderseite wie vorher auf, lassen Sie diesmal aber eine Öffnung in der Arbeit. Beginnen Sie wieder bei der fünften Stake von hinten, und zäunen Sie bis zu dem dicken Rohr vorn. Schlingen Sie den Faden um dieses Rohr, und flechten Sie dieselbe Seite zurück bis zu einer Stake weniger als vorher. Wenn Sie die nächsten Male an das dicke Rohr kommen, müssen Sie den Faden zweimal herumwickeln, damit dieses Rohr lückenlos umwickelt wird (Abb. 4).

Arbeiten Sie, bis Sie um die letzten beiden Staken flechten. Lassen Sie den Faden im Korb. Wiederholen Sie das ganze auf der anderen Seite. Achten Sie darauf, daß beide Seiten gleich hoch sind. Zäunen Sie auf jeder Seite vier weitere Runden, indem Sie vorwärts und rückwärts flechten. Die Öffnung vorne sollte jetzt etwa 4,5 cm tief sein, um den Flaschenhals aufzunehmen. Stecken Sie drei Fäden Nr. 6 (2,6 mm) neben die ersten drei Staken neben der Öffnung vorne. Kimmen Sie ganz herum auf die andere Seite. Schneiden Sie die Fäden ab, und stecken Sie die Enden in das Flechtwerk. Schneiden Sie alle Zusatzstaken ab, auch die vorne zwischen den beiden dicken Rohren. Weichen Sie diese Rohre noch einmal ein, und schneiden Sie sie auf der Höhe des Geflechts ab.

Der Rand. Schneiden Sie vier Rohre Nr. 8 (3 mm) von 20 cm Länge. Spitzen Sie je ein Ende an. Dies sind Randstaken für die Öffnung. Schieben Sie zwei in jedes dicke Rohr. Die eine 12 mm vom oberen Rand, die andere 13 mm vom Boden der Öffnung entfernt. Bohren Sie mit dem Pfriem Löcher in die Rohre, und schieben Sie das angespitzte Ende der Randstaken hinein (Abb. 5). Achten Sie darauf, daß sie festsitzen. Wenn sie das nicht tun, machen Sie die Löcher größer und versuchen es noch einmal. Beginnen Sie hinten mit einem Zopfabschluß. Flechten Sie ganz herum um die Wiege, über die dicken Rohre hinweg, eine Seite der Öffnung hinunter, die andere wieder herauf.

Die Henkel. Schneiden Sie zwei Henkelrohre von 8 mm Stärke, eins 30 cm lang, das andere 52 cm lang. Spitzen Sie beide Enden des längeren Stückes an, und biegen Sie es in U-Form mit einem flachen Boden (Abb. 6). Nehmen Sie die Henkeleinsatzstücke an den Seiten heraus, und stecken Sie das Henkelrohr ein. Spitzen Sie ein Ende des kürzeren Henkelrohres an, und biegen Sie es 15 cm oberhalb des angespitzten Endes

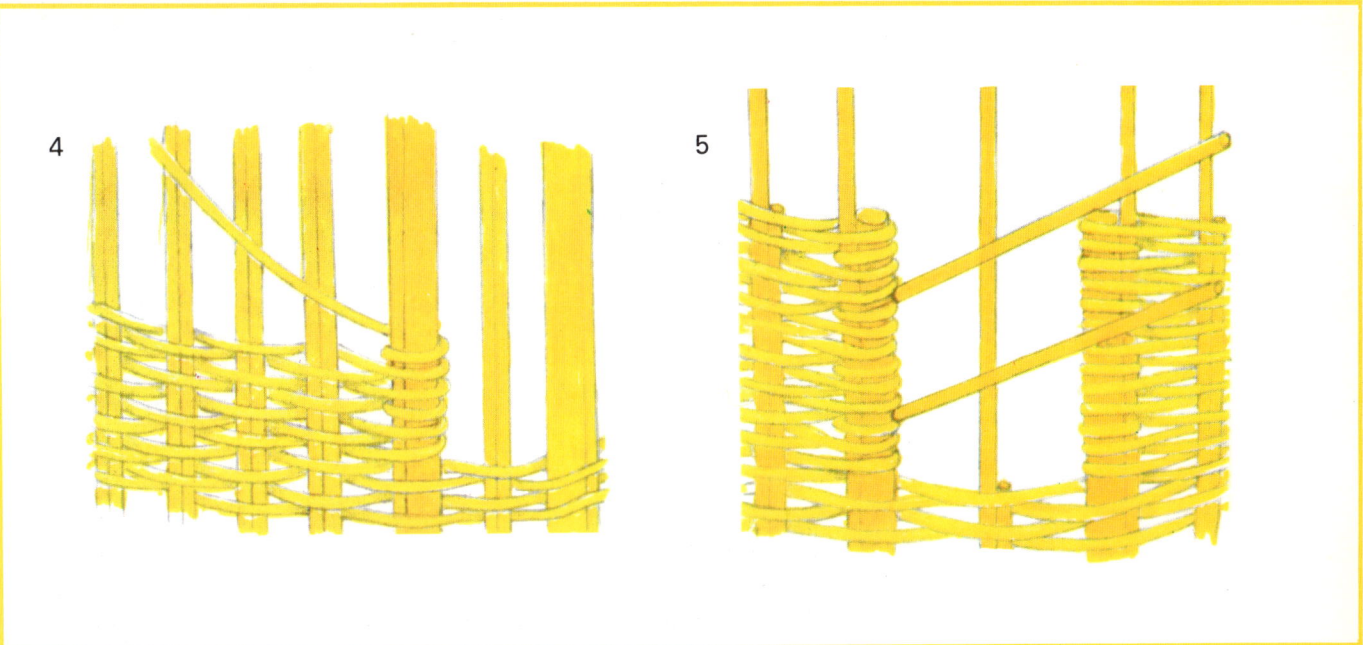

4 5

4. Das Aufbauen der Vorderseite, um die Tülle mit einem Einschnitt für den Flaschenhals zu formen
5. Zusatzstaken für den Rand werden eingesteckt

Das Flaschenkörbchen mit dem Einschnitt für den Flaschenhals

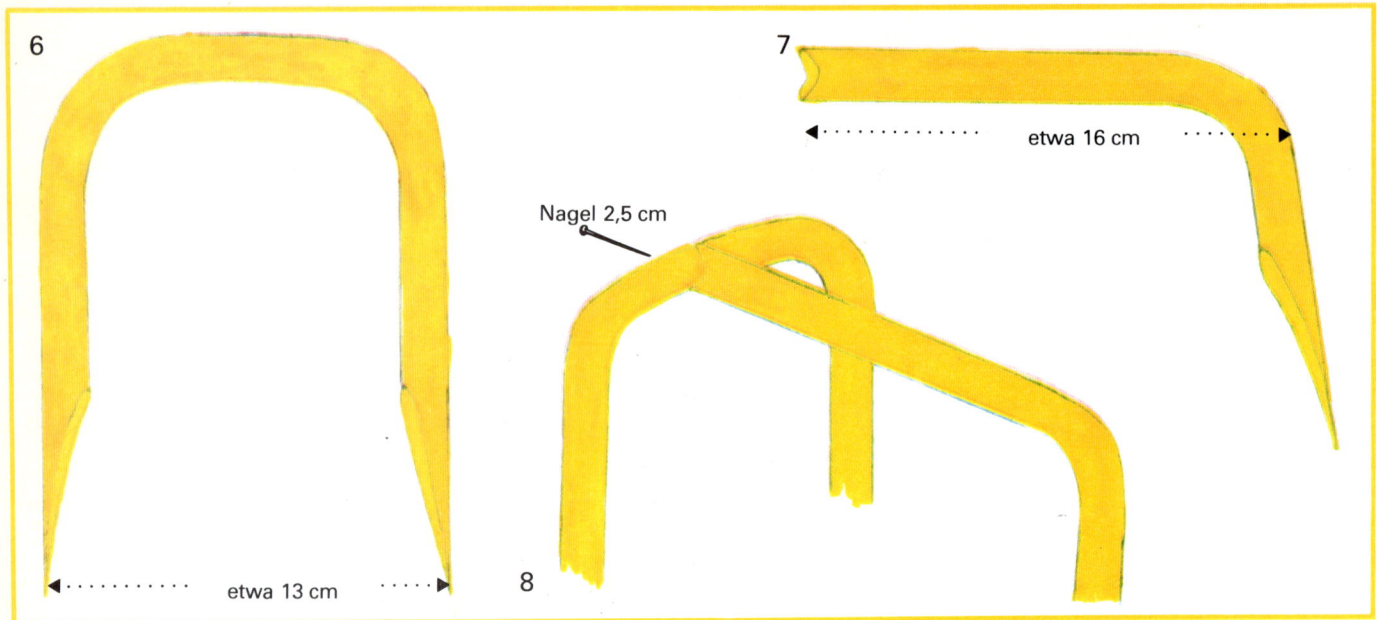

6

7

etwa 16 cm

Nagel 2,5 cm

etwa 13 cm

8

6. Das angespitzte und gebogene Rohr bildet das Querstück des Henkels

7. Das Längsstück wird angespitzt und eingekerbt

8. Der Henkel wird zusammengefügt und mit einem Nagel befestigt

(Abb. 7). Nehmen Sie das hintere Henkeleinsatzstück heraus, und stecken Sie das angespitzte Ende des Henkelrohres so ein, daß es sich zu dem anderen Henkelrohr beugt. Schneiden Sie eine Kerbe in das vordere Ende des Henkels, in die das Rohr des u-förmigen Henkels genau paßt. Lassen Sie die Henkel in dieser Stellung trocknen. Kleben Sie die Henkel in der Kerbe zusammen, und befestigen Sie sie zusätzlich durch einen Nagel (Abb. 8).

Umwickeln Sie den Henkel mit Stuhlflechtrohr Nr. 6 (2,6 mm). Beginnen Sie auf der Rückseite mit dem gewohnten Kreuz und dem Leitfaden. Legen Sie den Leitfaden über den u-förmigen Henkel und auf die Unterseite des anderen Henkels, wenn Sie mit der Umwicklung 2,5 cm vor dem u-förmigen Henkel angelangt sind. Wickeln Sie weiter, so daß das Ende des Leitfadens fest mit eingewickelt wird. Klammern Sie das Ende des Wickelrohrs fest, es wird später eingebunden. Umwickeln Sie den U-Henkel wie gewöhnlich wieder mit einem Leitfaden. Wenn Sie die Mitte erreichen, müssen Sie das Ende des ersten Wickelrohrs mit umwickeln. Wickeln Sie hier kreuzweise, so daß das ganze Henkelrohr gut bedeckt ist. Machen Sie mit dem Leitfaden weiter ein Muster. Befestigen Sie alle drei Henkelenden mit einem Pflock unter der Kimme.

Wir beginnen mit viereckiger Flechtarbeit

Viereckige Flechtarbeiten sind von allen regelmäßig geformten Korbsachen am schwierigsten herzustellen. Man arbeitet ganz anders als bei den Formen, die mit dem Bodenkreuz begonnen werden. Bei einer viereckigen Arbeit wird der Boden nicht mit überkreuzten Staken gemacht wie bei runden oder ovalen Arbeiten. **Eine flache viereckige Arbeit.** Üben Sie zuerst mit flachen Böden. Aus zwei kleinen viereckigen »Matten« können Sie ein Nadelbuch oder den Einband für ein Notizbuch machen. Mit mehr Übung können Sie auch Mappen für Rezepte oder Zeitschriften herstellen und den Einband auch für ein Sammelalbum, oder Tischmatten benutzen. Wenn Sie den Mut für größere Sachen haben, können Sie Fensterjalousien machen oder ein Kopfende für ein Bett. Beginnen Sie aber mit etwas kleinerem.

Eine Schraublade wird für den Anfang einer viereckigen Arbeit gebraucht. Man kann Schraubladen in Werkzeugläden kaufen, aber meistens bekommt man dort nur sehr leichte und kleine Ausführungen, die man auch nur für leichte Arbeiten verwenden kann. Man kann sich einfach und billig eine zuhause anfertigen. Die Breite des viereckigen Bodens wird von der Länge der Schraublade bestimmt. Meistens reichen 38 cm, aber für größere Gegenstände, z. B. ein Kopfende für ein Bett, brauchen Sie eine 66 cm lange Schraublade.

Legen Sie zwei Stücke Holz so zusammen, wie Abbildung 1 zeigt. Bohren Sie 8 cm von jedem Ende entfernt zwei Löcher. Die Löcher werden durch beide Holzstücke zusammen gebohrt, damit sie übereinstimmen. Schieben Sie die Schrauben durch die Löcher, und schrauben Sie die Unterlegscheiben und die Flügelmuttern fest.

Der Gebrauch der Schraublade. Für den Boden werden die Staken aufrecht zwischen die beiden Teile der Schraublade gesteckt. Die Flügelmuttern werden angezogen, damit die Staken festsitzen. Die Bodenstaken werden in der gewünschten Länge zugeschnitten. 2,5 cm gibt man für die Befestigung in der Schraublade zu und einige Zentimeter, damit die Arbeit nach Fertigstellung ordentlich beschnitten werden kann.

Die Stärke des Rohrs, die Anzahl der Staken und der Zwischenraum zwischen den Staken richten sich nach der Größe und späteren Funktion der Arbeit. Grundsätzlich sind die Staken an den Seiten dicker als die inneren Staken, damit die Ränder ordentlich und fest werden. Manchmal verdop-

Sie brauchen für die Schraublade:
2 Stück Weichholz 5 × 8 cm von 38 cm Länge oder für eine größere Schraublade 2 Stück Weichholz 8 × 8 cm von 66 cm Länge,
2 Schrauben mit einem Durchmesser von 6 mm, passende Flügelmuttern und Unterlegscheiben (die für beide Schrauben gleich sind),
Handbohrmaschine und passende Bohrer zu den Schrauben

Maße für die Schraublade

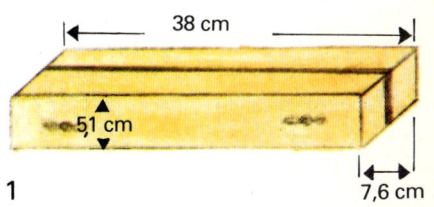

1

55

Für das Nadelbuch brauchen Sie:
30 g Peddigrohr Nr. 3 (2 mm),
1,40 m Peddigrohr Nr. 6 (2,6 mm),
70 cm Peddigrohr Nr. 12 (3,75 mm),
4 kleine Nägel,
2 Ringe von 18 mm Durchmesser,
Filz,
1,80 m Stuhlflechtrohr Nr. 2 (1,85 mm) oder
schmales lackiertes Wickelrohr,
Schraublade, Seitenschneider, Pfriem,
Rundzange

pelt man auch die äußeren Staken, damit ein wirklich starker Boden entsteht. Wenn die äußeren Staken dicker als die inneren sind, passen sie nur nach einiger Vorbereitung in die Schraublade. Die dickeren Staken müssen so zugespitzt werden, daß der einzuklemmende Teil die gleiche Stärke wie die dünnen Staken bekommt (Abb. 2). Machen Sie die Schnitte eckig, nicht spitz zulaufend.

Je größer der Gegenstand, umso dicker muß das Rohr sein, und umso mehr Staken brauchen Sie. Vom Zwischenraum zwischen den einzelnen Staken hängt später der Zwischenraum zwischen den Seitenstaken ab; machen Sie ihn also nicht zu groß. Für kleine Gegenstände sollte er 12–18 mm betragen, für mittlere Gegenstände 2,5–3 cm.

Ein Nadelbuch

Der Deckel besteht aus zwei Böden von 8,5 × 13 cm. Man kann auch ein Notizbuch so einbinden. Durch diese Arbeit bekommen Sie die nötige Übung für größere Gegenstände. Da Sie nur wenig Material dafür brauchen, ist es nicht schlimm, wenn der erste Versuch mißlingt.

Schneiden Sie zwei Staken Nr. 12 (3,75 mm) und vier Staken Nr. 6 (2,6 mm) von 18 cm Länge. Beschneiden Sie je ein Ende der dicken Staken. Stecken Sie diese beiden Staken 8 cm voneinander entfernt in die Schraublade. Messen Sie von der Mitte der einen Stake zur Mitte der anderen. Stecken Sie aufrecht und mit gleichmäßigem Abstand die vier dünneren Staken zwischen die dicken Staken in die Schraublade. Schrauben Sie die Schraublade zu, so daß alle Staken festsitzen. Wenn Sie die äußeren Staken zu sehr oder zu wenig beschnitten haben, so daß die Staken wackeln, dann versuchen Sie auszugleichen, oder schneiden Sie neue Staken, denn der Boden kann nur gelingen, wenn alle Staken fest sitzen.

2. Die dicken Außenstaken werden auf die Stärke der dünnen Innenstaken zurechtgeschnitten

3. Beginnen Sie den Deckel für das Nadelbuch mit einer Reihe Fitzen

4. Wenn Sie die Außenstaken doppelt umwickeln, vermeiden Sie Lücken

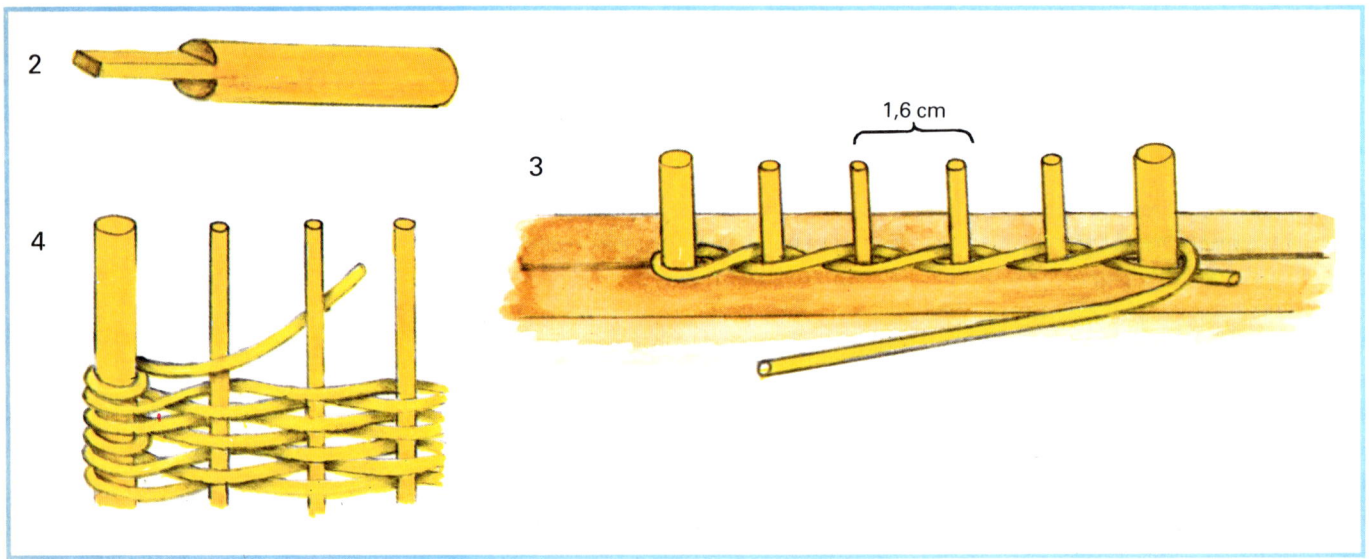

Die Ränder des Nadelbuchs werden mit lackiertem Wickelrohr überwendlich umstochen, um sie am Boden zu befestigen. Die beiden Buchdeckel werden mit Ringen verbunden. Zwischen den Deckeln ist ein Stück Filz befestigt.

Ein viereckiger Boden wird hauptsächlich gezäunt, nur die erste Reihe wird gefitzt und die letzte Reihe »scheingefitzt«. Nehmen Sie einen Faden Nr. 3 (2 mm) und schlingen Sie ihn um die linke äußere Stake, so daß Sie ein langes und ein kurzes Ende von 20 cm haben. Fitzen Sie mit diesen zwei Fäden bis an das andere Ende der Reihe (Abb. 3).

Lassen Sie das kurze Ende hängen, und flechten Sie mit dem langen weiter. Legen Sie es um die rechte äußere Stake, und zäunen Sie dann zurück nach links. Zäunen Sie hin und her und wickeln Sie jede zweite Runde den Faden zweimal um die äußeren Staken. Da Sie hin und zurück zäunen, passieren Sie die mittleren Staken zweimal, während Sie nur einmal um die äußeren Staken flechten. Das zweimalige Umwickeln verhindert, daß an den dicken Staken Lücken bleiben (Abb. 4). Wenn das Geflecht dicht zusammengeschoben ist, brauchen Sie weniger doppelte Umwicklungen der äußeren Staken. Verändern Sie dann den Rhythmus, bleiben Sie aber regelmäßig, d. h. machen Sie alle zwei oder alle drei Runden nach gleichmäßigen Zwischenräumen eine Extraumwicklung.

5. Scheinfitzen vervollständigt den Boden
6. Drei Staken nach vorn sind der Anfang des Randes
7. Stake 1 und 3 bilden das erste Paar
8. Jetzt sind drei Paare vorn

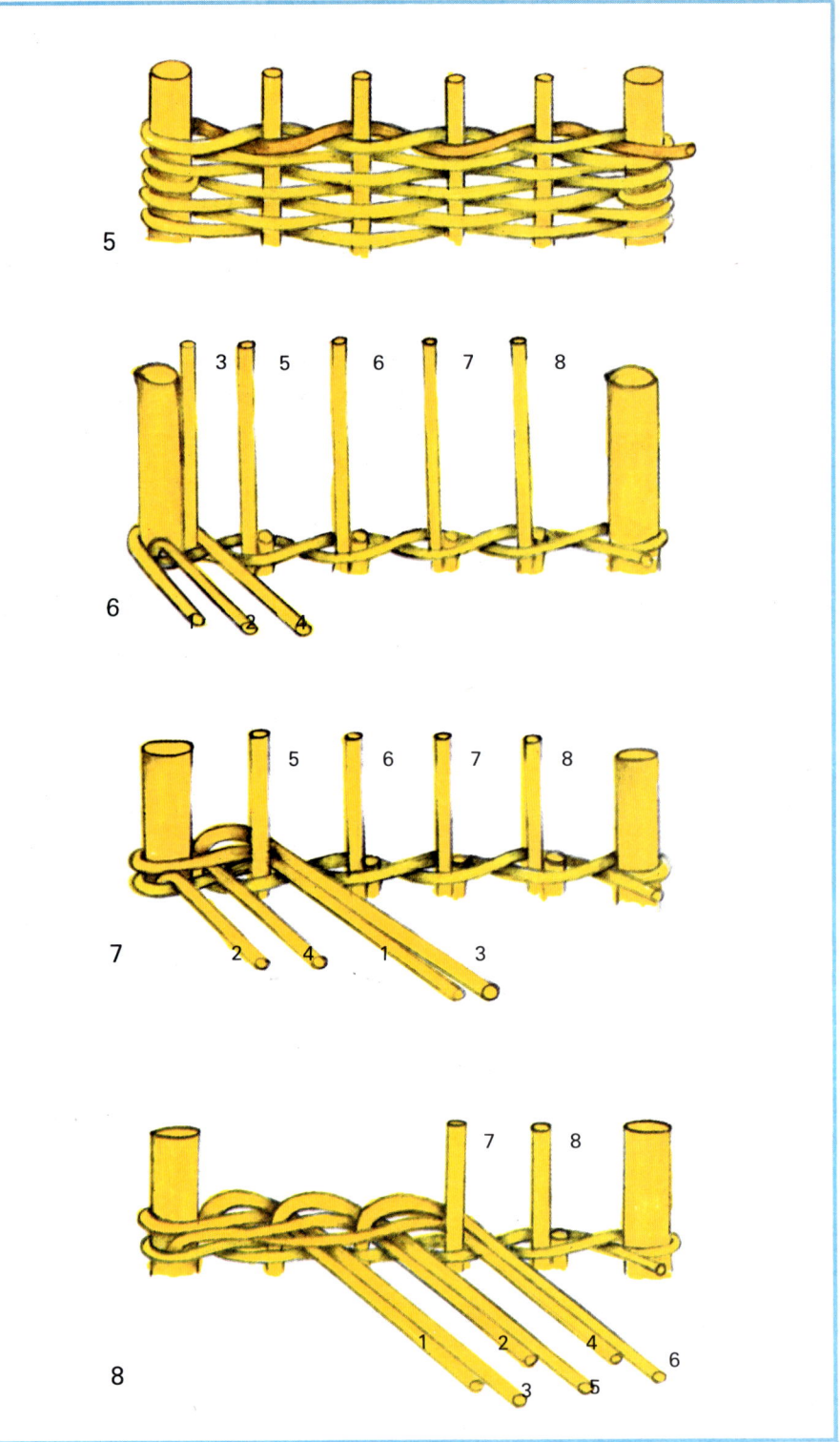

Überprüfen Sie über die Breite der Arbeit, ob die Staken schräg stehen. Bei viereckiger Arbeit ist es sehr wichtig, daß die Staken gerade, aufrecht und parallel bleiben. Überprüfen Sie das immer wieder, denn wenn die Staken schräg nach vorne oder hinten stehen sind sie am Ende ganz verdreht.

Das Ansetzen eines neuen Fadens geht genauso wie bei runder oder ovaler Arbeit. Achten Sie darauf, daß die Fadenenden immer auf der Rückseite der Arbeit sind.

Zäunen Sie, bis das Flechtwerk 11,5 cm hoch ist. Oberhalb des Gezäunten sollten die Staken noch etwas hervorschauen für die letzte Runde, die scheingefitzt wird.

Scheinfitzen. Beenden Sie das Zäunen auf der linken Seite. Der Faden ist schon um die äußere Stake herumgelegt. Scheinfitzen Sie, indem Sie den Faden vor eine Stake und hinter eine Stake legen, führen Sie ihn aber auf dem Weg nach vorne immer unter dem Faden der vorherigen Reihe hindurch. Das sieht genauso wie gefitzt aus (Abb. 5). Arbeiten Sie so bis zur rechten äußeren Stake. Nehmen Sie die Arbeit aus der Schraublade, und schneiden sie alle Fadenenden, jedoch nicht die Stakenenden, ab. Stecken Sie die Arbeit wieder in die Schraublade, und befestigen Sie sie.

Zuschlag mit drei Fäden an einer viereckigen Arbeit. Schneiden Sie aus Rohr Nr. 3 (2 mm) sechs Staken von 13 cm Länge und ein 20 cm langes Stück. Schneiden Sie die herausragenden Enden der inneren Staken ab, und stellen Sie die Schraublade und das Flechtwerk so hin, daß die Hinterseite zu Ihnen sieht. Stecken Sie links neben jede innere Stake eine Randstake in das Geflecht. Stecken Sie die Staken in diesem Falle (weil die Arbeit so klein ist) 2,5 cm tief in das Flechtwerk. Stecken Sie eine Randstake neben die linke äußere Stake. Stecken Sie mit Hilfe des Pfriems eine Randstake vor der linken äußeren Stake in das Flechtwerk. Biegen Sie diese vor die Arbeit. Schlingen Sie die 20 cm lange Randstake um die äußere linke Stake und die daneben stehende Randstake (Abb. 6). Jetzt sollten Sie drei Staken vorne haben und fünf aufrecht stehende. Die drei Staken vorne sind die ersten drei Staken, die zu Beginn eines Zuschlags heruntergebogen werden. Nehmen Sie Stake 1, legen Sie sie vor die äußere Stake und Stake 3, hinter Stake 5 und wieder nach vorne (Abb. 7). Legen Sie Stake 3 hinter und neben Stake 1. Legen Sie Stake 2 vor Stake 5, hinter Stake 6 und wieder nach vorne. Legen Sie Stake 5 hinter und neben Stake 2. Legen Sie Stake 4 vor Stake 6, hinter Stake 7 und wieder nach vorn. Biegen Sie Stake 6 hinter und neben Stake 4. Jetzt haben Sie drei Paare vorn (Abb. 8).

Bei einer größeren Arbeit würden Sie jetzt diesen Zuschlagrand fortsetzen. Hier aber, bei dieser kleinen Fläche, ist nur noch für eine weitere Stake, um die herumgearbeitet wird, Platz. Darum: Legen Sie die fünfte Stake von rechts vor Stake 7 und hinter Stake 8 und wieder nach vorn. Stake 7 wird einfach heruntergebogen.

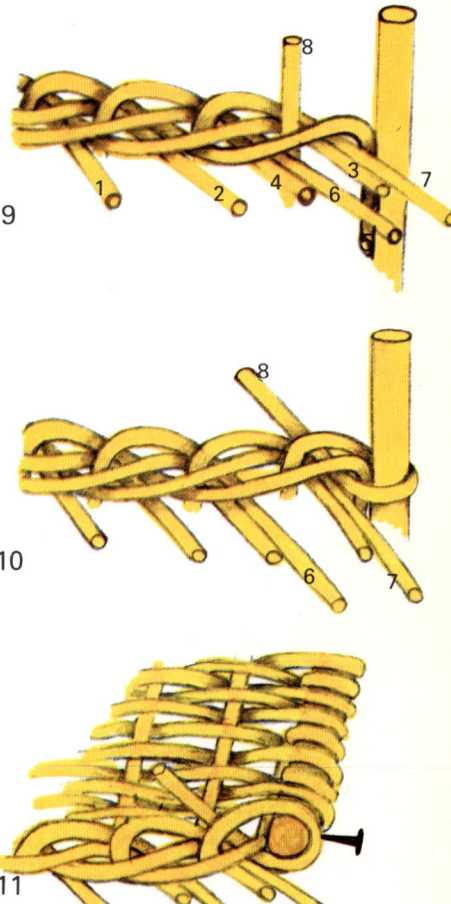

9. Der Abschluß des Randes beginnt

10. Stake 8 endet hinten

11. Ein Nagel befestigt den Rand an der dicken Außenstake

So wird der Rand beendet: Nehmen Sie Stake 3, die längere Stake des ersten Paares, vor 7 und hinter Stake 8 und vor die Randstake. Biegen Sie sie dort so um, daß sie nach unten gesteckt und neben die Randstake gelegt werden kann (zuvor auf etwa 5 cm Länge abschneiden). Diese Stake ist nun also gesichert (Abb. 9).

Stake 8, die letzte noch aufrecht stehende Stake wird nun über die Randstake gewickelt und dann wieder zurückgeflochten – und zwar unter die Stake 3, die Sie eben parallel zur Randstake zurückgesteckt haben (Abb. 10). Man kann diese Stake 8 auch noch etwas weiter zurückflechten.

Der Rand wird nun gesichert, indem ein kleiner Nagel (ein sogenannter Blaukopf mit kurzem Schaft, aber breitem, flachem Kopf) durch den letzten, um die Randstake gewickelten Faden geschlagen wird, somit also dieser Faden fest mit der Randstake verbunden wird.

An der anderen Schmalseite wird der gleiche Zuschlagrand ausgeführt. Wenn Sie die beiden Ränder beendet haben, werden die überstehenden Staken abgeschnitten und angespitzt. Sorgen Sie dafür, daß Sie einen glatten, gefälligen Abschluß bekommen.

Der Rand kann gesäumt werden. Für diesen »Saum« verwenden Sie gespaltenes Peddigrohr, wie es beispielsweise für Stuhlsitze verarbeitet wird (siehe Seite 78). Der Saum wird so ausgeführt: Stecken Sie das Stuhlflechtrohr etwa 2 cm von der Längsseite entfernt zwischen zwei Staken in das Geflecht. Führen Sie es um den Rand herum und von der anderen Seite wieder zwischen den beiden Staken hindurch. Wiederholen Sie dieses Umwickeln sechs- bis sieben Mal – wobei Sie das kurze Ende (den Anfang) des Stuhlflechtrohrs ebenfalls überwickeln, dadurch unsichtbar machen und zugleich festigen. Diese Wicklungen sollten Sie etwas auffächern (siehe Abb. Seite 57), dabei aber immer durch den selben Stakenzwischenraum stechen. Das freie Ende der Wicklung wird auf der Innen-(Rück-)seite ein- oder zweimal um einen Faden des Geflechts gebunden und dann in die Wicklungen eingesteckt.

Sie können es sich natürlich selber denken: Damit haben Sie erst die eine Hälfte der Arbeit absolviert. Sie müssen nun natürlich eine zweite Platte in exakt der gleichen Größe anfertigen, damit Sie ein Nadelbuch bekommen. Danach besorgen Sie sich zwei Ringe, die sich öffnen lassen. Diese Ringe bilden das Scharnier. Sie führen die Ringe durch das Geflecht, das Sie an den betreffenden Stellen etwas »öffnen«: schieben Sie einfach zwei Fäden etwas auseinander, um die Ringe durchziehen zu können.

Die letzte Arbeit: füttern Sie das kleine Nadelbuch auf den Innenseiten beider Deckel mit Filz, damit Sie in diesen Filz nachher die Nadeln stechen können, die Sie in dem kleinen Nadelbuch aufbewahren wollen.

Eine Lesemappe wird geflochten. Das Foto oben zeigt, daß dieses Werk gleich gearbeitet wird wie das Nadelbuch und daß es sich lediglich in seinen Dimensionen unterscheidet: Die Mappe ist so groß, daß Sie Ihr bevorzugtes Magazin darin unterbringen können – also etwa 25 × 30 cm groß. Sie können darin aber auch ein Fotoalbum unterbringen, für das Sie

---

Für die Lesemappe brauchen Sie:
170 g Peddigrohr Nr. 6 (2,6 mm)
4 m Peddigrohr Nr. 15 (4,5 mm)
1,85 m Henkelrohr, 10 mm stark
4 kleine Nägel
2 Ringe
4 m Stuhlflechtrohr Nr. 4
Schraubblock, Seitenschneider, Pfriem und Rundzange

kräftigen weißen oder leicht getönten Karton und dünnes Seidenpapier passend zuschneiden und dann mit einem Locher lochen, so daß Sie dann wieder zwei Ringe als Gelenke verwenden können.

Da eine solche Mappe häufiger zur Hand genommen – und damit stärker strapaziert wird, sollten Sie die Ränder besonders sorgfältig ausführen und festigen. Die Wicklungen, die Sie im Foto oben sehen, sind hier besonders wichtig.

Auch diese Lesemappe sollte inwendig gefüttert werden, damit das Geflecht keine Abdrücke auf dem Magazin oder Buch hinterläßt

Muster in viereckiger Flechtarbeit

Für den Bettgiebel brauchen Sie:
Etwa 700 g Peddigrohr Nr. 8 (3 mm)
5,5 m Peddigrohr Nr. 15 (4,5 mm)
Neun Stück Henkelrohr, 8 mm stark,
jeweils 102 cm lang (oder gleich lange,
6 mm starke Dübelhölzer)
Zwei Dübelhölzer, 18 mm stark, 102 cm
lang
Etwa ein Dutzend kleiner Nägel
Eine wenigstens 66 cm breite Schraublade
Tesafilm, Seitenschneider, Pfriem, Rund-
zange

So werden die Schlingen des Musters festgeflochten

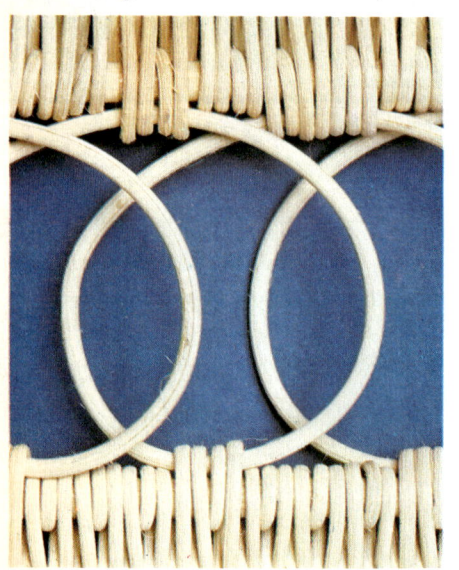

Ein Bettgiebel

Der rechts abgebildete Bettgiebel ist 91,5 cm breit und 52 cm hoch. Diese Maße sind natürlich unverbindlich für Sie, denn ein solcher Wandschutz wird entsprechend den Abmessungen des Bettes oder der Liege angefertigt, an denen er den vorhandenen (und abzutrennenden) Bettgiebel ersetzen – oder überhaupt erst einen Wandschutz bilden soll. Er wird mit vier Schrauben und Dübeln an der Wand befestigt.

Weil hier mit verhältnismäßig dickem Peddigrohr gearbeitet wird und weil das fertige Werk sich ja nicht verstecken kann, sollten Sie sich an eine derartige Arbeit erst wagen, wenn Sie mit kleineren Stücken Erfahrung gesammelt haben. Längen Sie zunächst die 18 mm starken Dübelhölzer genau ab, spitzen Sie die Enden an, so daß Sie diese Hölzer mit den neun inneren Staken in den Schraubblock spannen können. Die Randstaken müssen 48 cm voneinander entfernt sein (von Mitte zu Mitte gemessen). Zäunen Sie mit gut eingeweichtem Peddigrohr Nr. 8 von einem Rand aus, um die Randstaken herumflechtend, bis auf eine Höhe von etwa 16,5 cm. Nun wird die dritte Stake von links dicht über der letzten Reihe abgeschnitten.

Setzen Sie ein wenigstens 3 m langes Stück Peddigrohr Nr. 15 (4,5 mm stark) dicht neben der vierten Stake ein und schlingen Sie dieses Peddigrohr etwa zehn Mal zwischen zweiter und vierter Stake hin und her – wie Sie es in den Fotos sehen können. Die letzte Schlinge sollte von der gegenüberliegenden Schmalseite so weit entfernt sein wie die erste Schlinge vom begonnenen Rand. Heften Sie die Schlingen mit Tesafilm an den beiden Staken an.

Arbeiten Sie nun entlang der Längsseite zwischen Randstake und zweiter innerer Stake auf eine Länge von etwa 61 cm – und umwickeln Sie dabei auch stets den oberen (oder linken) Bogen der Schlaufen.

Zäunen Sie nun in der rechten (oder unteren) Hälfte der Platte bis auf eine Höhe von etwa 25 cm weiter, trennen Sie nun die dritte innere Stake von rechts heraus und ziehen Sie nun auch in den hier entstandenen Zwischenraum einen langen 4,5 mm starken Faden in Form von Schlaufen ein.

Jetzt können Sie sowohl den unteren (oder rechten) Randstreifen als auch den Mittelstreifen weiterarbeiten. Dabei müssen Sie darauf achten, daß Sie die Ränder dieser Streifen nicht schief ziehen: Es sollen exakt rechteckige Ausschnitte mit Schlaufenmuster entstehen.

Der Rand an den Schmalseiten muß stärker gearbeitet sein, als Sie ihn zum Beispiel beim Nadelbuch und der Lesemappe kennengelernt haben. Zu diesem Zweck brauchen Sie für jede Schmalseite 20 Staken von 25 cm Länge und ein längeres Stück (52 cm lang), alle 3 mm stark. Diese Stücke werden gleichtief in das bereits vorhandene Geflecht eingesetzt – und dann zu dem gleichen Rand verarbeitet wie Sie ihn auf den vorhergehenden Seiten kennengelernt haben.

Der Abschluß der Arbeit besteht darin, daß Sie wieder die äußersten Schlingen des Randes mit Nägeln fixieren.

Den fertigen Bettgiebel befestigen Sie mit langen Schrauben plus Beilegscheiben an der Wand: drehen Sie die Schrauben durch das Geflecht in vorher eingesetzte Wanddübel ein. Und dann kann das Bett wieder vor diesem attraktiven Wandschutz und Bettgiebel aufgestellt werden.

Oben: Das fertige Geflecht (vor einfarbiger Wand sieht es noch besser aus)

Arbeiten mit Wandgeflecht

Jetzt beherrschen Sie die Technik der flachen viereckigen Flechtarbeiten, und Sie können beginnen, viereckige Körbe zu machen, die man als Nähkorb, Picknick- oder Weinkorb benutzen kann. Dieses Kapitel gibt Ihnen die Möglichkeit, verschiedene Techniken und Formen zu kombinieren, so daß Sie Körbe für Ihre speziellen Bedürfnisse flechten können.

Wir machen in diesem Kapitel Wandgeflechte, Verschlüsse, Scharniere, kleine Henkel und wir »köpern«.

Die Deckel und Scharniere können genauso bei ovalen und runden Körben gemacht werden, und die kleinen Henkel können Sie überall anbringen, wo Sie keine großen Henkel brauchen. Zuerst zeigen wir Ihnen, wie man den Flaschenträger macht.

Der Flaschenträger

Beginnen Sie mit diesem Korb, er ist einfacher als der Deckelkorb. Er mißt 20 × 30 cm und ist ohne Henkel 20 cm hoch. Er ist geräumig und kräftig genug, um sechs Flaschen aufzunehmen. Schneiden Sie **für den Boden** ein 8 mm Henkelrohr in sieben Stücke von 30 cm Länge. Spalten Sie drei davon längs in zwei Hälften. Sie lassen sich leicht spalten, wenn Sie mit dem Messer einen kleinen Schnitt machen und sie dann mit den Fingern auseinanderziehen. Fünf der gespaltenen Rohre bilden die inneren Bodenstaken, das sechste brauchen Sie nicht. Bereiten Sie jetzt die Schraublade vor.

Stecken Sie die Staken in die Schraublade, an jedes Ende zwei ganze Rohre als äußere Staken. Der Zwischenraum zwischen den äußeren Staken muß von Mitte zu Mitte 18 cm betragen. Beschneiden Sie die äußeren Staken, damit sie mit den inneren in die Schraublade passen. Setzen Sie die gespaltenen Rohre mit gleichmäßigen Zwischenräumen, so daß die abgerundete Seite zu Ihnen schaut, zwischen die äußeren Staken. Nehmen Sie Rohr Nr. 5 (2,5 mm) und fitzen Sie eine Reihe. Zäunen Sie dann und enden Sie mit einer Reihe Scheinfitzen. Der Boden muß nun 27 cm hoch sein. Wickeln Sie den Faden bei jeder zweiten oder dritten Runde zweimal um die äußeren Staken, um Lücken zu vermeiden. Halten Sie die Staken aufrecht, und achten Sie darauf, daß die Arbeit oben nicht weiter oder enger wird.

Nehmen Sie den Boden aus der Schraublade, und schneiden Sie die Fadenenden und die vier Enden der äußeren Staken ab.

Schneiden Sie jetzt noch nicht die inneren Staken ab. Schneiden Sie aus Rohr Nr. 10 (3,35 mm) 21 Staken von 45 cm Länge und 14 Staken von 52 cm Länge. Spitzen Sie je ein Ende der 21 Staken kurz an und die anderen wie gewöhnlich etwas länger. Legen Sie den Boden mit den abgeschnittenen Enden nach oben flach auf den Tisch. Das wird die Innensei-

Sie bekommen genaue Arbeitsanweisungen für diese praktischen Körbe. Sie sind ideal für Picknicks: der eine für das Essen, der andere für die Flaschen.

Gut eingeweichte Rohrstücke werden für die Korbunterteilung gedreht.

Für den Flaschenträger brauchen Sie:
60 g Peddigrohr Nr. 5 (2,5 mm),
170 g Peddigrohr Nr. 6 (2,6 mm),
120 g Peddigrohr Nr. 10 (3,35 mm),
1,80 m Peddigrohr Nr. 15 (4,5 mm),
2,40 m Peddigrohr Nr. 8 (3 mm),
90 cm Henkelrohr der Stärke 10 mm.
Nehmen Sie Malakkarohr, wenn Sie es bekommen können.
2,20 m Henkelrohr der Stärke 8 mm,
2 Henkeleinsatzstücke, Schraublade, Seitenschneider, Pfriem, Rundzange

te des Korbes. Bohren Sie mit dem Pfriem einen Weg, und stecken Sie eine der längeren Staken zwischen den äußeren Staken einer Ecke in den Boden. Es macht nichts, wenn die Stake unter den zwei äußeren Staken in der Rille liegt, die durch die Rundungen der Rohre gebildet wird. Machen Sie das mit einer anderen Stake auch am anderen Ende des Bodens. Jetzt können Sie weitere Staken einsetzen; tun Sie das der Länge des Bodens nach. Elf kürzere Staken müssen der Länge nach in eine Seite des Bodens eingesteckt werden. Markieren Sie mit einem Bleistift 6 mm von den Ecken ein Zeichen. Machen Sie zwischen den beiden äußeren Markierungen gleichmäßig verteilt neun weitere Zeichen.

Bohren Sie mit dem Pfriem Löcher durch die beiden äußeren Staken, in die Sie die Staken stecken. Schieben Sie den Pfriem von außen zwischen die Flechtfäden, dort wo die Markierungen sind. Bohren Sie recht große Löcher. Die meisten Schwierigkeiten beim Stakeneinstecken in viereckige Arbeiten entstehen durch zu kleine Löcher. Ziehen Sie den Pfriem heraus, und stecken Sie sofort die Stake ein. Das Loch schließt sich schnell, nachdem der Pfriem herausgezogen ist; wenn Sie nicht schnell genug die Stake eingesteckt haben, müssen Sie das Loch noch einmal mit dem Pfriem öffnen. Stecken Sie die Stake so weit ein, daß Sie die Spitze auf der Innenseite des Korbes sehen können. Achten Sie darauf, daß der angespitzte Teil ganz in die äußeren Staken gesteckt wird, da die Stake im Wandgeflecht sonst leicht bricht. Wiederholen Sie das jetzt auf der gegenüberliegenden Seite. Stecken Sie jedoch statt elf nur zehn kürzere Staken ein, da Sie mit einer ungeraden Zahl von Staken leichter zäunen können. Schneiden Sie jetzt die Enden der inneren Bodenstaken ab und stecken Sie auf beiden Seiten neben jede eine der langen Staken. Es ist egal, auf welche Seite Sie sie stecken, nur sollen die Abstände gleichmäßig sein.

Bevor Sie mit dem **Wandgeflecht** beginnen, weichen Sie die Staken gut ein, und biegen Sie sie knapp über dem Boden scharf nach oben. Biegen Sie sie alle zusammen und binden Sie sie fest. Wenn Sie die äußeren Bodenstaken noch nicht beschnitten haben, tun Sie es jetzt. Stecken Sie vier Fäden Nr. 6 (2,6 mm) in den Boden und kimmen Sie vier Runden mit ihnen. Halten Sie die Eckstaken eng zusammen, versuchen Sie nicht, gleichmäßige Zwischenräume zu schaffen, da die Ecken umso eckiger werden, je enger die Staken zusammenstehen. Halten Sie die Kimme aufrecht. Schneiden Sie aus Rohr Nr. 15 (4,5 mm) acht Zusatzstaken von 20 cm Länge. Spitzen Sie je ein Ende an, und stecken Sie sie in die Kimme. Stecken Sie an jede Ecke zwei Zusatzstaken, neben die Stake, die der Ecke am nächsten ist. Diese dickeren Zusatzstaken machen die Ecken stärker und eckiger.

Schneiden Sie aus Rohr Nr. 10 (3,35 mm) 27 Zusatzstaken und stecken Sie sie rechts neben die übrigen Staken in die Kimme. Zäunen Sie mit einem Faden Nr. 6 (2,6 mm). Flechten Sie gerade aufwärts, und bilden Sie dabei die Ecken so gut wie möglich. Zäunen Sie 7 cm hoch.

Kimmen Sie drei Runden mit Rohr Nr. 6 (2,6 mm). Stecken Sie in die Mitte der beiden kurzen Seiten je ein Henkeleinsatzstück.

Köpern ist eine dekorative Variation des Zäunens. Man legt den Faden vor zwei Staken und hinter eine (statt vor eine und hinter eine). Dadurch wird das Flechtwerk dicker und bekommt einen leichten Spiraleffekt. Die Anzahl der Staken darf sich nicht durch drei teilen lassen, sonst geht der Faden immer vor dieselben Staken. Köpern Sie 5 cm mit einem Faden Nr. 6, kimmen Sie dann drei Runden mit Rohr Nr. 6.

Schneiden Sie für die **Unterteilung** ein Stück Rohr Nr. 8 (3 mm), das zweimal die Breite des Korbes plus 30 cm mißt. Machen Sie in der Mitte eine Schlinge, die Sie um eine Stake schlingen, die das erste Drittel der Korblänge markiert. Drehen Sie die beiden Fadenenden fest zusammen, bis die gedrehte Länge die andere Seite des Korbes erreicht. Schlingen Sie die beiden Enden um eine entsprechende Stake auf dieser Seite, indem Sie ein Ende links herum führen und das andere rechts herum. Verflechten Sie die Enden oben auf der Kimme. Wiederholen Sie das mit einem zweiten Stück Rohr nach zwei Dritteln der Korblänge, so daß Sie drei gleiche Unterteilungen im Korb haben.

Schneiden Sie ein Stück Rohr Nr. 8 (3 mm), das zweimal die Länge des Korbes plus 30 cm mißt. Machen Sie in der Mitte eine Schlinge, die Sie um ein Henkeleinsatzstück und die danebenstehende Stake legen. Drehen Sie die Fäden zusammen, bis Sie die erste Querteilung erreichen. Führen Sie einen Faden darum herum. Drehen Sie dann weiter bis zur zweiten Querteilung und bis zur anderen Seite. Befestigen Sie dort die Fäden wie vorher. Jetzt haben Sie sechs gleiche Unterteilungen. Schneiden Sie alle überstehenden Enden der Zusatzstaken ab, weichen Sie die Staken noch einmal ein, und biegen Sie sie 6 cm oberhalb der Kimme mit der Rundzange. Machen Sie einen Zuschlag mit vier Rohren. Versuchen Sie, die Ecken sehr eckig zu bekommen. Schneiden Sie alle herausragenden Enden ab. Spitzen Sie beide Enden des Henkelrohrs der Stärke 10 mm an, und biegen Sie den Henkel u-förmig. Nehmen Sie die Einsatzstücke heraus, und schieben Sie den Henkel in die Arbeit. Schneiden Sie zwölf Rohre Nr. 6 (2,6 mm) von 102 cm Länge. Stecken Sie links neben die Henkelenden je sechs. Drehen Sie diese Bündel über den Henkel. Machen Sie als Abschluß ein Fischgrätmuster.

Ein Picknick-Korb mit Deckel

Die äußeren Maße des Korbes sind 38 × 25 cm, die Höhe beträgt 14 cm. Der Deckel hat Scharniere und Verschlüsse, die man auch für kleinere Gegenstände verwenden kann.

Machen Sie zuerst den kleinen Handgriff in D-Form, damit er fertig ist, wenn Sie ihn anbringen müssen. Schneiden Sie ein 35 cm langes Henkelrohr der Stärke 8 mm. Weichen Sie es gut ein, und biegen Sie es in U-Form. Biegen Sie es 10 cm vor jedem Ende scharf mit der Rundzange nach innen. Diese Abschnitte von 10 cm bilden das gerade Ende des

Für den Picknickkorb mit Deckel brauchen Sie:
170 g Peddigrohr Nr. 5 (2,5 mm),
170 g Peddigrohr Nr. 6 (2,6 mm),
170 g Peddigrohr Nr. 10 (3,35 mm),
120 g Peddigrohr Nr. 15 (4,5 mm),
3 m Peddigrohr Nr. 8 (3 mm),
7,5 m Stuhlflechtrohr Nr. 4 (2 mm),
4,60 cm Henkelrohr der Stärke 8 mm,
4 kleine Nägel, Alleskleber, Schraublade, Seitenschneider, Pfriem, Rundzange

Henkels. Beide müssen mit einem schrägen Schnitt so angespitzt werden, daß sie zusammengelegt eine Rohrrundung ergeben (Abb. 1).

Wenn man diese Enden nicht weit genug gegeneinander biegen kann, muß man einen keilförmigen Schnitt an der Knickstelle machen (Abb. 2). Dadurch wird das Rohr flexibler.

Binden Sie den Henkel in seiner endgültigen Form zusammen, und lassen Sie ihn trocknen. Kleben Sie dann die Enden zusammen, binden Sie sie wieder fest, und lassen Sie sie wieder trocknen.

Umwickeln Sie den Henkel mit Stuhlflechtrohr. Beginnen Sie an der geraden Seite. Machen Sie den Anfang und das Ende wie bei dem Flaschenkörbchen auf Seite 50. Die Ecken werden leicht unordentlich, wikkeln Sie sehr fest, und geben Sie sich Mühe. Auf der gebogenen Seite können Sie einen Leitfaden benutzen. Wenn Sie ihn vor den Ecken einfügen, wird er dabei helfen, die Ecken zu bedecken.

Schneiden Sie für den **Boden** vier äußere Staken aus 8 mm Henkelrohr und 16 innere Staken (diese werden nicht gespalten) aus Rohr Nr. 15 (4,5 mm), alle 41 cm lang. Spannen Sie sie in die Schraublade, die dicken nach außen mit einem Zwischenraum von 23 cm, die dünnen mit gleichmäßigem Abstand dazwischen.

Nehmen Sie für den Boden Rohr Nr. 5 (2,5 mm), und arbeiten Sie wie vorher, erst eine Reihe fitzen, dann zäunen und zum Abschluß, wenn die Arbeit 33 cm mißt eine Reihe scheinfitzen. Schneiden Sie dann aus Rohr Nr. 10 (3,35 mm) 27 Staken von 35 cm Länge und 20 Staken von 41 cm Länge.

Befestigen Sie die Staken wie vorher: die kürzeren Staken an den Bodenstaken neben der Längsseite, und die langen Staken neben den Bodenstaken. Biegen Sie die Staken mit der Rundzange auf, und binden Sie sie in zwei Bündeln hoch.

Beginnen Sie das Wandgeflecht mit vier Reihen Kimme mit vier Fäden und drei Reihen Kimme mit drei Fäden aus jeweils einem Rohr Nr. 6 (2,6 mm).

Gegenüber: Techniken für den Picknickkorb

1. Es werden Schrägschnitte gemacht, die gegeneinander passen
2. Bevor das Rohr gebogen wird, macht man einen keilförmigen Schnitt
3. Eine Schablone für den Deckel mit Markierungen für die Scharniere
4. Schneiden Sie Kerben für die Scharniere
5. Stecken Sie Stäbchen ein, um der Fitze die richtige Lage zu geben

Schneiden Sie nun 39 Zusatzstaken Nr. 10 (3,35 mm) und acht Nr. 15 (4,5 mm) für die Ecken. Alle von 13 cm Länge. Stecken Sie sie wie vorher ein. Zäunen Sie 5 cm mit einem Faden Nr. 6 (2,6 mm). Markieren Sie in der Mitte der langen Seite, die Stelle für den Henkel. Wählen Sie an jeder Seite des flachen Henkelstücks eine Stake, an der die Schlaufen zur Befestigung des Henkels angebracht werden.

Schneiden Sie für diese Schlaufen zwei Rohre Nr. 8 (3 mm) von 35 cm Länge. Weichen Sie sie gut ein, sie dürfen nicht brüchig sein. Biegen Sie eines in der Mitte, und schlingen Sie es etwa 18 mm unterhalb der letzten gezäunten Runde um die ausgewählte Stake. Drehen Sie die beiden Enden etwa 18 mm lang fest umeinander. Halten Sie den Henkel an die vorgesehene Stelle, und stecken Sie das gedrehte Rohr durch den Henkel. Nehmen Sie das gedrehte Rohr wieder zurück zu der Stake, und schlingen Sie es oberhalb der letzten gezäunten Runde hinten um diese herum. Flechten Sie die beiden Enden ein. Machen Sie die Drehung nicht zu lose und nicht zu fest. Wenn sie zu lose ist, hat der Henkel zuviel Spielraum, wenn sie zu fest ist, werden die Schlaufen schnell durchgescheuert. Befestigen Sie den Henkel auf der anderen Seite genauso.

Zäunen Sie mit einem Faden Nr. 6 (2,6 mm) 8 cm ganz um den Korb herum. Kimmen Sie vier Runden mit Rohr Nr. 6 (2,6 mm). Machen Sie einen Zuschlag mit drei Rohren und danach den einfachen Einsteckrand. Jetzt können Sie mit dem Deckel beginnen.

Der Deckel. Wenn Sie mit dem Korb fertig sind, machen Sie den Deckel genauso wie den Boden, nur eine Spur größer, damit er auf dem Wandgeflecht aufliegt. Da es selbst bei exaktem Arbeiten schwer ist, genau die Form des Bodens beim Deckel zu wiederholen, sollten Sie eine Schablone des oberen Korbrandes anfertigen.

Legen Sie für die **Schablone** den Korb mit der Oberseite auf ein Stück Pappe, und zeichnen Sie den Umriß des Korbes nach. Schneiden Sie die Schablone aus, sie können dann leichter nach ihr arbeiten (Abb. 3).

Bezeichnen Sie auf der Schablone die Stellen für die Scharniere auf der dem Henkel gegenüberliegenden Seite. Schneiden Sie an den Schmalseiten der Schablone je 5 mm ab, da dort am Deckel ein Rand angeflochten wird.

Schneiden Sie aus 8 mm Henkelrohr vier Staken und aus Rohr Nr. 15 (4,5 mm) 16 Staken, alle so lang wie die Schablone plus 5 cm. Von den 5 cm sind 2,5 cm für die Befestigung in der Schraublade und 2,5 cm für die einfachere Fertigstellung des oberen Randes. Markieren Sie an den äußeren Staken die Position der Scharniere. Denken Sie an die Längenzugabe der Staken. Schneiden Sie für die Scharniere Kerben in die Rohre, die 18 mm lang sind (Abb. 4). Spannen Sie die Staken in die Schraublade, so daß sie mit der Schablone übereinstimmen. Wie die Scharnierkerben stehen müssen, sehen Sie auf Abbildung 5. Geben Sie auf beiden Seiten die Stärke des Flechtfadens dazu. Überprüfen Sie, ob die Anordnung der Schablone entspricht.

Fitzen Sie eine Reihe mit Rohr Nr. 5 (2,5 mm). Wenn die Ecken der Schablone abgerundet sind, können Sie die Fitze etwas anheben, um diese Form zu erzielen. Legen Sie kleine Rohrstückchen unter die Fitze, um die Ecken zu unterpolstern (Abb. 5).

Zäunen Sie mit einem Faden Nr. 6 (2,6 mm) und füllen Sie die Mulde zwischen den Ecken aus, indem Sie hin und her flechten, bis das Flechtwerk in der gesamten Breite gerade läuft.

Zäunen Sie weiter, vergessen Sie nicht in jeder zweiten oder dritten Runde die äußeren Staken zweimal zu umwickeln, bis Sie die erste Scharniermarkierung erreichen.

Zäunen Sie weiter hin und her, aber führen Sie den Faden um die innere der beiden äußeren Staken, so daß er in der Kerbe sitzt. Am Ende der Scharnierkerbe führen Sie den Faden wieder um beide äußeren Staken zusammen herum.

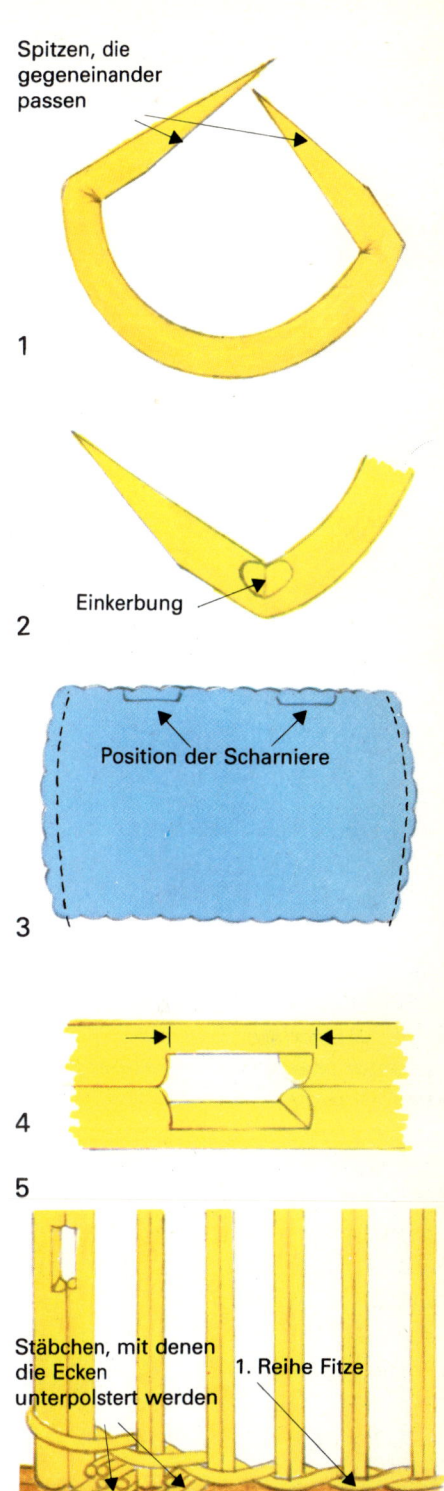

Spitzen, die gegeneinander passen

1

Einkerbung

2

Position der Scharniere

3

4

5

Stäbchen, mit denen die Ecken unterpolstert werden

1. Reihe Fitze

6

Oben: Der D-förmige Henkel mit Haspel und Schlinge, die den Deckel verschließen

Darunter: Für die Haspel wird ein Rohr gedreht

Gegenüber: Das Flechten mit Pappschablonen

Folgen Sie der Schablone bis zur zweiten Scharnierkerbe, und umwickeln Sie sie wie eben. Flechten Sie den Deckel zu Ende. Bauen Sie evtl. wieder dadurch auf, daß Sie einen immer um eine Stake auf jeder Seite verkürzten Weg hin und her zäunen; so erzielen Sie die vielleicht nötige Rundung des Deckels. Schließen Sie mit einer Reihe über die ganze Seite des Deckels und mit einer Reihe Scheinfitzen ab. Vervollständigen Sie den Deckel mit einem Zuschlagrand mit drei Rohren an jeder Schmalseite und umwickeln Sie die Ränder mit Stuhlflechtrohr. Befestigen Sie den Rand mit kleinen Nägeln.

Die Scharniere des Korbes sind sehr einfach. Nehmen Sie einen Faden Nr. 5 (oder Stuhlflechtrohr) und stecken Sie ihn genau unter dem Rand in den Korb. Lassen Sie 23 cm auf der Innenseite hängen, dieses Ende wird später eingeflochten. Nehmen Sie das längere Ende hoch, führen Sie es über die äußere Stake des Deckels, durch die Scharnierkerben, unter den Deckel in den Korb hinein, so daß es schließlich neben dem kürzeren Ende liegt. Wiederholen Sie diesen Vorgang bis die Scharnierkerbe ganz ausgefüllt ist. Flechten Sie zum Schluß beide Enden in die Kimme. Machen Sie das andere Scharnier genauso.

Die Verschlüsse. Machen Sie mit Rohr Nr. 8 (3 mm) vorn am Korb zwei Schlingen, wie Sie sie auch schon für den Henkel gemacht haben. Wählen Sie jeweils etwa 8 cm vom Korbende entfernt eine Stake, befestigen Sie das eine Ende der Schlinge etwa 18 mm unterhalb der Kimme innen und das obere Ende unmittelbar unter der Kimme.

Die Haspeln werden ähnlich hergestellt, sie können auch geflochten werden. Ihr Anfang und Ende ist im Deckel, sie hängen vor dem Korb herunter und um die Schlaufen herum. Schlingen Sie ein Rohr Nr. 8 (3 mm) um die erste innere Stake an der vorderen Seite des Deckels und etwas links von der Schlaufe am Korb. Stecken Sie ein drittes Rohr dazu, damit Sie einen Zopf flechten können. Drehen oder flechten Sie die Rohre, bis sie auf der rechten Seite um die Schlaufe herumreichen und wieder zurück bis zu der Kreuzungsstelle (Abb. 6). Führen Sie hier ein Rohrende durch den gedrehten oder geflochtenen Zopf und arbeiten Sie dann weiter, bis Sie die erste innere Stake, diesmal rechts von der Schlaufe, wieder erreichen.

Flechten Sie die Enden ein und formen Sie die andere Haspel. Schließen Sie den Korb mit einem Stab aus Henkelrohr ab. Schneiden Sie ein Stück, das durch beide Schlaufen geht und zusätzlich auf jeder Seite 5 cm überragt. Spitzen Sie ein Ende an. Das andere Ende können Sie mit einer Schlaufe aus Rohr Nr. 15 (4,5 mm) versehen, die Sie dort ankleben und dann mit Stuhlflechtrohr umwickeln. Sie können dieses Ende aber auch so lassen.

Für das Innere des Korbes können Sie wiederum eine Einteilung vorsehen, damit beim Transport nicht alles durcheinander gerät. Sie können auch darauf verzichten – und sind dann anpassungsfähiger, d. h. nicht auf bestimmtes Picknick-Geschirr festgelegt.

Lampenschirme

Für den zylindrischen Lampenschirm brauchen Sie:
Eine dicke Pappscheibe mit 30 cm Durchmesser,
einen Lampenschirmring mit 23 cm Durchmesser,
Lampenschirmband, um den Ring zu umwickeln,
60 g Peddigrohr Nr. 6 (2,6 mm),
30 g Peddigrohr Nr. 5 (2,5 mm),
60 g flaches Rohr (es ist ähnlich wie das gewöhnliche Rohr, außer daß es flach ist und nur in einer Stärke erhältlich),
Nadel und Faden, um den Ring einzunähen,
Seitenschneider, Pfriem, Rundzange

Peddigrohr-Lampenschirme geben warmes, schönes Licht und passen in die meisten Wohnungen und Häuser. Wenn man sie kauft, sind sie sehr teuer, man kann sie jedoch leicht und ohne große Kosten selber arbeiten; man braucht wenig Peddigrohr für sie, und die Mühe lohnt sich.
Diese Art Lampenschirm ist an beiden Seiten offen. Die Staken werden am Anfang in die Löcher einer Pappscheibe gesteckt. Ein Drahtring mit einer Lampenfassung wird in den Lampenschirm eingefügt. Man stellt also den Lampenschirm erst her nachdem man einen passenden Lampenschirmring ausgesucht hat. Diese Ringe kann man in vielen Größen und Formen bekommen, und sie sind für alle Arten von Lampenfassungen geeignet. Statt eines einfachen Ringes können Sie auch ein Gestell verwenden – das Ihnen dann den unteren und oberen Durchmesser sowie die Neigung des Lampenschirms vorschreibt (nicht unbedingt die Höhe, denn Sie können den Schirm höher flechten als das Gestell ist).

Ein zylindrischer Schirm

Beginnen Sie mit einem zylindrischen Schirm, der gerade Seiten, einen kreisförmigen Querschnitt und von oben bis unten den gleichen Durchmesser hat. Der abgebildete Schirm wurde auf einem 23 cm-Ring mit einer flachen Fassung gearbeitet. Er ist 20 cm hoch. Er sieht sehr hübsch auf einem getöpferten Fuß aus. Legen Sie den Ring auf eine Pappe und zeichnen Sie seinen Umriß auf. Markieren Sie auf dem gezeichneten Ring in einem Abstand von ungefähr 2,5 cm Punkte. Es sollten etwa 29 Punkte sein, auf jeden Fall soll sich die Zahl der Punkte nicht durch drei teilen lassen, da Sie sonst nicht köpern können. Umwickeln Sie den Ring mit Lampenschirmband, damit er fertig ist, wenn Sie ihn brauchen.
Stechen Sie mit dem Pfriem bei allen Punkten außerhalb der Bleistiftlinie ein Loch in die Pappe. Die Löcher sollten gerade so groß sein, daß man Rohr Nr. 6 (2,6 mm) in sie stecken kann. Wenn die Löcher zu groß sind, rutschen die Staken heraus und die ersten Arbeitsgänge werden sehr schwierig. Schneiden Sie für jedes Loch eine Stake Nr. 6 von 61 cm Länge. Stecken Sie in jedes Loch Staken, so daß diese auf einer Seite 20 cm herausragen; aus diesen Enden wird der erste Rand geformt. Biegen Sie die Enden dicht an der Pappe mit der Rundzange.
Jetzt machen Sie einen Rand, der entweder das obere oder das untere

Die Staken dieses Lampenschirms sind aus rundem Rohr, das Geflecht ist aus flachem Rohr.

Ende des Schirms bildet. Wenn Sie diesen Rand auf die gewohnte Art, d. h. von links nach rechts flechten, dann merken Sie, sobald Sie auf der anderen Seite der Pappe zu flechten beginnen, daß die Staken sich nach rechts neigen, was die Arbeit erschwert. Das vermeiden Sie, indem Sie den Rand von rechts nach links flechten. Machen Sie einen Zuschlag mit drei Rohren von rechts nach links (Abb. 1). Sie können besser arbeiten, wenn Sie den Rand der Pappscheibe mit den langen Stakenenden zu sich hin auf den Tisch stellen. Arbeiten Sie im Stehen. Schneiden Sie die Enden nicht ab, wenn der Rand fertig ist.

Wenn der Rand fertig ist, drehen Sie die Arbeit so, daß die Pappe flach auf dem Tisch liegt. Legen Sie ein Gewicht auf die Pappe. Kimmen Sie fünf Runden mit Rohr Nr. 5 (2,5 mm). Gehen Sie am Ende jeder Runde einen Schritt aufwärts.

Schneiden Sie für jede Stake zwei Zusatzstaken Nr. 6 (2,6 mm) von 20 cm Länge. Köpern Sie (vor zwei, hinter eine und wieder nach vorne) 14 cm mit flachem Rohr. Achten Sie darauf, daß die Seiten ganz gerade bleiben.

Kimmen Sie eine Runde mit Rohr Nr. 5 (2,5 mm) und legen Sie dann den umwickelten Ring ein, der genau passen sollte. Kimmen Sie dann vier weitere Runden. Wenn Sie die Seiten nicht ganz gerade gemacht haben, und der Ring nicht paßt, dann fügen Sie ihn vom anderen Ende her ein. Biegen Sie die **Staken** 5 mm oberhalb der Kimme mit der Rundzange und schneiden Sie alle Enden der **Zusatzstaken** ab. Machen Sie einen Zuschlagrand von links nach rechts und einen einfachen Einsteckrand.

Wenn Sie mehrere Schirme machen wollen und die Pappscheibe wieder verwenden möchten, dann machen Sie den ersten Rand wieder auf und ziehen die Pappe vorsichtig von den Staken ab. Lassen Sie sie trocknen. Machen Sie den Rand neu und danach einen einfachen Einsteckrand. Schneiden Sie die Enden ab. Wenn Sie die Pappscheibe nicht mehr gebrauchen wollen, dann weichen Sie sie ein und ziehen sie dann aus dem Schirm heraus. Bilden Sie auch dann den einfachen Einsteckrand und schneiden Sie die Enden ab. Nähen Sie den Ring fest. Stechen Sie nicht durch die Staken oder Fäden. Führen Sie den Faden nur um die Staken herum, so daß man ihn kaum sehen kann.

Arbeiten Sie den Rand von rechts nach links mit dem dritten Schritt.

Ein Schirm in Vasenform

Sie können den Schirm so groß machen, wie Sie wollen. Der abgebildete wurde mit einem 10 cm-Ring gemacht, er ist 23 cm hoch. Man beginnt Lampenschirme immer auf die gleiche Art. Der Abstand der Staken hängt von der Form des Schirms ab. Wenn Sie möchten, daß der Schirm sich stark nach außen wölbt, dann müssen die Staken an dem Ring-Ende viel dichter stehen, damit sie am anderen Ende nicht zu weit auseinanderstehen. Lassen Sie bei diesem Schirm die Staken am Anfang 15 mm auseinanderstehen, um die Wölbung in der Mitte gut ausführen

Sie brauchen für den Schirm in Vasenform:
Eine dicke Pappscheibe von 15 cm Durchmesser,
einen mit Band umwickelten Lampenschirmring von 10 cm Durchmesser,
60 g Peddigrohr Nr. 6 (2,6 mm),
60 g Peddigrohr Nr. 4 (2,3 mm),
Nadel und Faden, um den Ring einzunähen,
Seitenschneider, Pfriem, Rundzange

Lampenschirme können in vielen verschiedenen Formen hergestellt werden. Dieser hat die Form einer Vase. Er ist mit doppeltem Faden gezäunt und ist ohne Fuß auf einer Lampenfassung befestigt. Man kann ihn jedoch auch auf einen Fuß setzen oder als Hängelampe benutzen.

Ein offener Schirm ist schnell gemacht und man braucht nicht viel
Rohr dafür. Der Schirm wird vom
kleineren offenen Ende her gearbeitet. Die Staken und Zusatzstaken sind nach außen gebogen und
werden durch eine Reihe Fitze gehalten.

zu können. Für diesen Schirm brauchen Sie 23 Staken. Wenn Sie köpern
möchten, darf die Stakenzahl nicht durch drei teilbar sein. Um doppelt zu
zäunen brauchen Sie nur eine ungerade Stakenzahl. Schneiden Sie aus
Rohr Nr. 6 (2,6 mm) 61 cm lange Staken. Stecken Sie sie in die Pappscheibe und formen Sie wie beim vorigen Lampenschirm einen Rand.
Kimmen Sie dann vier Runden mit Rohr Nr. 4 (2,25 mm).
Schneiden Sie für jede Stake eine Zusatzstake Nr. 6 (2,6 mm). Spitzen Sie
sie an, und stecken Sie sie rechts neben den Staken in das Flechtwerk.
Zäunen Sie doppelt mit zwei Fäden Nr. 4 (2,25 mm). Halten Sie immer
den einen Faden über dem anderen, die Fäden dürfen sich nicht verdrehen. Unterstützen Sie die Staken mit Daumen und Zeigefinger der linken
Hand. Die Fäden dürfen die Staken nicht beherrschen. Halten Sie die Staken 5 cm hoch sehr gerade, dann sollen sie sich bis zu einem Durchmes-

ser von 14 cm wölben. Versuchen Sie eine Birnenform zu erzielen. Verringern Sie den Durchmesser wieder auf 10 cm.

Kimmen Sie drei Runden mit Rohr Nr. 4 (2,25 mm). Schneiden Sie die Zusatzstaken ab. Machen Sie einen Zuschlagrand mit drei Rohren und den einfachen Einsteckrand. Nehmen Sie die Pappscheibe heraus und beenden Sie den ersten Rand wie beim zylindrischen Schirm. Schneiden Sie die Fadenenden ab, und nähen Sie den Ring fest.

Ein offener Schirm

Dieser Schirm ist nicht aus geschlossenem Flechtwerk. Die Staken sind teilweise offen und werden durch eine Reihe Fitzen in ihrer Stellung gehalten. Die Glühbirne wird dadurch verdeckt, daß man den Schirm mit einem geeigneten Lampenschirmfutterstoff ausfüttert. Der Schirm ist 18 cm hoch.

Machen Sie 21 Löcher um den gezeichneten Ring in die Pappe. Schneiden Sie 21 Staken Nr. 6 (2,6 mm) von 45 cm Länge und stecken Sie sie so in die Pappe, daß auf einer Seite 10 cm vorstehen. Machen Sie einen Einschlagrand von rechts nach links – hinter eine, vor drei und durch den nächsten Zwischenraum nach hinten. Drehen Sie die Arbeit dann um, und kimmen Sie vier Runden mit Rohr Nr. 4 (2,25 mm).

Schneiden Sie 42 Zusatzstaken Nr. 6 (2,6 mm) von 38 cm Länge. Stecken Sie auf jeder Seite der Staken eine weitere ein. Biegen Sie diese Gruppen von drei Staken mit der Rundzange nach außen. Fitzen Sie 9 cm oberhalb der Kimme eine Runde, geben Sie damit dem Schirm einen Durchmesser von 18 cm.

Kimmen Sie vier Runden mit Rohr Nr. 4 (2,24 mm), formen Sie dabei die Arbeit weiter nach außen. Machen Sie einen Einschlagrand von links nach rechts. Beenden Sie den ersten Rand. Nähen Sie das Futter und den Ring im Lampenschirm fest.

Passende Lampenfüße

Ihr Lampenschirm braucht einen schönen Fuß. Wählen Sie einen aus einem natürlichen Material wie Ton, der hübsch glasiert sein kann. Ein schlecht gewählter Fuß kann die Wirkung Ihrer Arbeit verderben. Treffen Sie Ihre Wahl deshalb sorgfältig – und denken Sie dabei nicht nur an solche Modelle, die ausdrücklich als Lampenfüße deklariert sind. Sie können mancherlei Objekte zweckentfremden. Allerdings sollen die Materialien des Lampenfußes und des Schirms zueinander passen. Ein Marmorfuß paßt kaum zu einem Peddigrohr-Geflecht: ein derber Fuß aus Holz dagegen eher. Aber nur dann, wenn er auch in den Proportionen zum Schirm paßt. Und wenn er der Lampe auch ausreichende Standfestigkeit verschafft.

Die Elektro-Installation muß mit Umsicht ausgeführt sein: die selbstgebastelte Lampe muß absolut sicher sein, es darf keinerlei Kurzschluß oder Wackelkontakt in der Stromzuführung entstehen.

Für den offenen Lampenschirm brauchen Sie:

Einen mit Band umwickelten Lampenschirmring von 9 cm Durchmesser,
eine dicke Pappscheibe von 12,5 cm Durchmesser,
Faden und Nadel,
60 g Peddigrohr Nr. 6 (2,6 mm),
30 g Peddigrohr Nr. 4 (2,25 mm),
25 cm Stoff zum Füttern der Lampe (wenn gewünscht),
Seitenschneider, Pfriem, Rundzange

Geflochtene Stuhlsitze

Geflochtene Stuhlsitze gab es schon bei den alten Ägyptern, und obgleich es über die Techniken erst seit diesem Jahrhundert Literatur gibt, haben sich die Methoden kaum geändert, wie frühe Stücke, z. B. das Ruhebett von Tut-ench-am'un, zeigen. Möbel aus Rohr sind seit Jahrhunderten in Mode, besonders aber während der letzten dreihundert Jahre. Im 18. Jahrhundert wurde in Europa feineres Rohr als vorher bekannt, und Möbelkünstler wie Adam und Hepplewhite machten elegante Rohrsitzstühle.

Rohrflechtarbeiten hatten im 19. Jahrhundert mit der Entwicklung von Bugholzmöbeln ihren Höhepunkt erreicht. In Wien produzierte die Firma Thonet im Jahr 400000 Bugholzstühle. Jetzt sind Bugholzmöbel wieder beliebt, und man kann oft Stücke mit erneuerungsbedürftigem Rohrgeflecht billig kaufen. Das ist ein Grund mehr, außer dem wirklichen Vergnügen das Arbeiten mit Rohr macht, diese Handfertigkeit weiterhin zu betreiben. Seien Sie am Anfang nicht zu ehrgeizig, wagen Sie sich erst an Antiquitäten, wenn Sie Erfahrungen gesammelt haben. Beginnen Sie mit einem quadratischen oder länglichen Viereck, bevor Sie kompliziertere Formen nehmen. Beginnen Sie beispielsweise mit einem billigen, gebrauchten Stuhl.

Die Materialien

Man kann alle Materialien fertig kaufen, man benötigt allerdings kaum etwas außer Rohr.

Stuhlflechtrohr hat denselben Ursprung wie Peddigrohr für Körbe. Man kann es in zwei Qualitäten und verschiedenen Stärken kaufen. Das mit blauem Faden gebündelte Rohr ist die beste Qualität, die man für antike Stühle nimmt. Das mit rotem Faden gebündelte Rohr ist für die meisten anderen Stühle geeignet.

Das Rohr ist in sechs verschiedenen Stärken erhältlich, die von 1 bis 6 numeriert sind. Je dünner das Rohr, desto kleiner die Zahl. Oft werden zwei verschiedene Stärken für einen Stuhl verwendet. Die üblichsten Stärken sind Nr. 2 und Nr. 4. Die Stärke des Rohrs richtet sich nach dem Abstand der Löcher im Stuhlrahmen. Gewöhnlich beträgt dieser 12 mm, und damit ist der Rahmen für das immer beliebte Sieben-Schritt-Muster geeignet. Wenn die Löcher im Rahmen weniger als 12 mm auseinanderstehen, wird das Rohr gedrängt, und die Arbeit wird schwierig, verwenden Sie dann Rohr Nr. 2 und Nr. 3. Gebrauchen Sie für sehr feine Arbeiten Rohr Nr. 1 und Nr. 2. Wenn Sie einen Stuhl erneuern, dann sollten Sie ein Muster des alten Rohrs nehmen und ein möglichst gleichstarkes Rohr kaufen.

Zwei verschiedene Rohrstärken sind zwar üblich, manche Leute arbeiten aus Sparsamkeitsgründen jedoch lieber nur mit einer Stärke, außer sie erneuern mehrere Stühle. Ein Bündel Rohr ist nämlich mehr als reichlich für einen Stuhl, und man hat natürlich viel Rohr übrig, wenn man mit verschiedenen Stärken arbeitet.

Gegenüber: Ein deutliches Bild von Stühlen, deren Sitz in dem beliebten Sieben-Schritt-Muster geflochten ist.

Zum Stuhlflechten braucht man **Stifte**. Vorübergehend braucht man sie, um das Rohr während des Flechtens zu halten, manche bleiben aber in der Arbeit, um einige Enden zu befestigen, oder um »blinde« Löcher zu verstopfen. Jedes angespitzte Stöckchen von 5 cm Länge, z.B. dickes Rohr, wenn Sie es haben, kann genommen werden.

Werkzeuge

Man braucht so wenig Werkzeug, wie selten für ein Handwerk. Das meiste ist ohnehin in jedem Haushalt vorhanden oder kann improvisiert werden.

Eine Schere zum Schneiden des Rohrs. Jede Größe kann verwendet werden.

Ein Messer zum Schneiden des Rohrs, für Stellen die mit der Schere nicht zu erreichen sind. Man verwendet es auch zum Schneiden und Anspitzen der Stifte.

Ein Durchstecher wird zur Reinigung der Löcher gebraucht. Ein 8 cm langer Nagel kann genommen werden, wenn man die Spitze abkneift. Man kann auch eine Metallstricknadel oder einen Bohrer benutzen. Der Durchmesser des Werkzeugs sollte mehr als 3 mm betragen.

Ein Pfriem. Ein sehr kleiner, feiner Pfriem ist sehr nützlich, um Rohr durch enge Zwischenräume zu schieben; Sie können dafür auch eine Hutnadel nehmen.

Einen kleinen Hammer, um zum Schluß die Knoten flach zu klopfen, und um die Stifte in die Löcher zu treiben.

Die Vorbereitung des Stuhls

Das alte Rohr muß völlig entfernt werden, und alle Reparaturen am Rahmen müssen gemacht werden, bevor man mit der Neubespannung beginnt. Der Rahmen muß abgeschmirgelt, lackiert oder angestrichen werden; das kann man alles nicht mehr machen, wenn man mit dem Flechten begonnen hat. Das alte Geflecht kann eng am Rahmen abgeschnitten werden und als Vorlage dienen. Das ist besonders bei einer unregelmäßigen Form nützlich. Sie können aber auch vor dem Entfernen des alten Geflechts eine Skizze des Rahmens anfertigen, die alle Löcher und die Anzahl der Rohre und ihre Richtung anzeigt. Das ist besonders nützlich bei runden und ovalen Formen, die komplizierter sind.

Entfernen Sie alles alte Rohr in den Löchern und unter dem Sitz. Wenn das Geflecht mit Stiften gehalten ist, stoßen Sie diese mit Hilfe des Durchstechers aus den Löchern. Wenn die Stifte sehr fest sitzen und durch sanftes Klopfen nicht herauskommen, dann ist es für den Rahmen schonender, wenn Sie ein Loch durch den Stift bohren. Nehmen Sie dafür einen Bohrer, der etwa die Größe des schon bestehenden Loches hat. Manchmal sind Ecklöcher »blind«, d.h. sie gehen nicht ganz durch das Holz. In diesen Fällen müssen die Stifte ausgebohrt werden, damit das ursprüngliche Loch wieder frei ist.

Das Sieben-Schritt-Muster

Wenn Sie an einem quadratischen oder länglichen, viereckigen Rahmen arbeiten, dann ist dieses Muster einfach und wirft keine Probleme auf.

Die Vorbereitung. Bevor Sie mit der Arbeit beginnen, sollten Sie das Rohr für einen Augenblick in heißes Wasser tauchen. Halten Sie das Rohr während der Arbeit naß, indem Sie es durch eine Schüssel mit Wasser ziehen. Das Rohr saugt auch genügend Wasser auf, wenn Sie gelegentlich mit einem nassen Finger über die Unterseite des Rohrs (nicht über die glänzende) streichen. Trockenes Rohr ist sehr spröde, es bricht und splittert leicht. Sie sollten das Rohr aber nie einweichen, da es dann farblos wird; Sie sollten es auch nicht für den späteren Gebrauch in ein feuchtes Tuch wickeln – es ist einfach, jedes Stück unmittelbar bevor Sie es brauchen kurz einzutauchen.

Eine Warnung: Treten Sie nie auf Rohr (durch seine Länge ist die Gefahr groß, das zu tun). Das Rohr spaltet sich dann in der Länge, und ein solcher Spalt reißt immer weiter ein. Werfen Sie solche gespaltenen Stücke fort, sie beeinträchtigen das Aussehen der Stühle. Bereiten Sie immer nur soviel Rohr vor, wie Sie brauchen.

1. Schritt. Erste Spannlage. Beginnen Sie auf der Unterseite links. Stecken Sie ein Rohr (wenn Sie mit zwei Stärken flechten, nehmen Sie die dünnere) in das Loch neben dem hinteren linken Eckloch. Lassen Sie 10 cm unter dem Rahmen herausstehen, und legen Sie das Rohr mit der glänzenden Seite nach oben, wenn Sie es über den Rahmen spannen. Befestigen Sie das Rohr gut mit einem Stift (Abb. 1). Führen Sie das Rohr nach unten durch das vordere Loch neben dem vorderen linken Eckloch. Achten Sie darauf, daß die glänzende Seite weiterhin oben liegt, und daß das Rohr sich nicht verdreht, auch dann nicht, wenn es durch das Loch geführt wird. Ziehen Sie das Rohr ziemlich fest, und befestigen Sie es mit

Unten links: Befestigen Sie das Ende mit einem Stift, bevor Sie den ersten Schritt machen.

Unten: Ein Detailbild des Sieben-Schritt-Musters

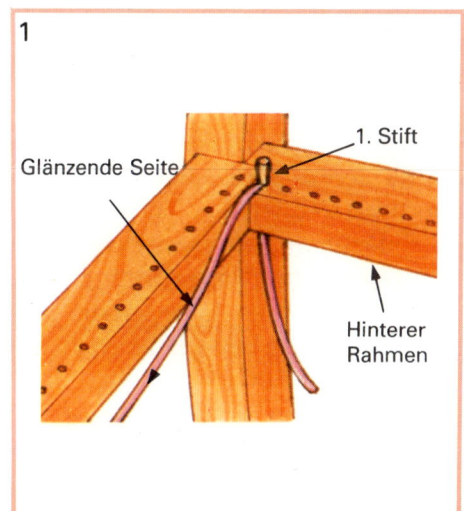

Glänzende Seite

1. Stift

Hinterer Rahmen

Schritt 1
Schritt 2
Schritt 3
Schritt 4
Schritt 5
Schritt 6
Schritt 7

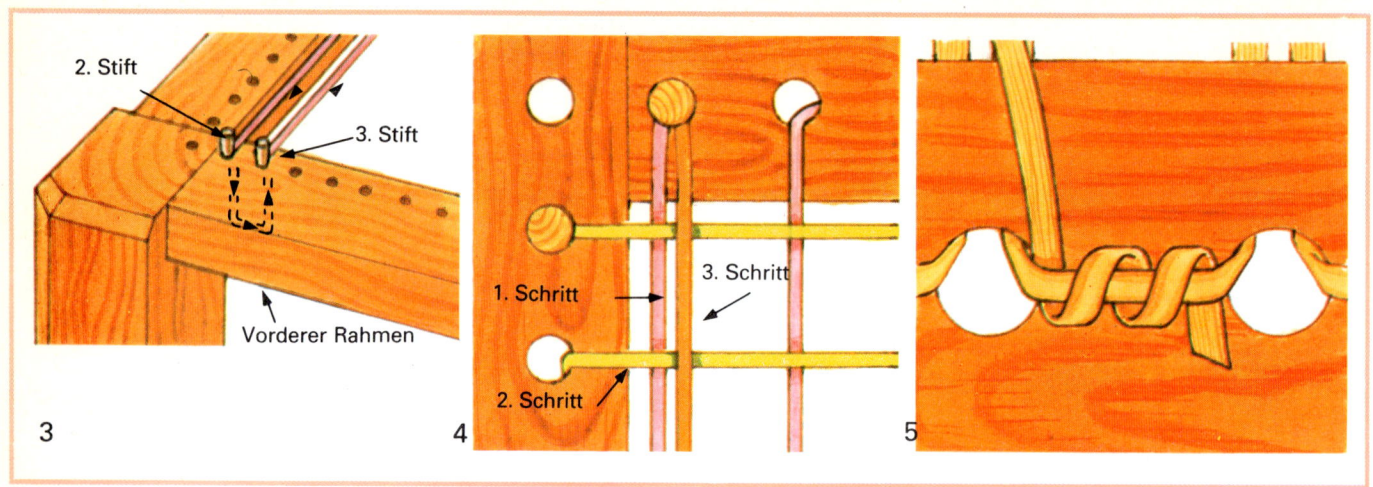

3. Rohr, das vorübergehend mit Stiften befestigt ist

4. Der dritte Schritt läuft parallel zum ersten Schritt

5. Das Befestigen auf der Unterseite des Stuhls

einem Stift. Sehen Sie sich Abbildung 2 an, dort sehen Sie die Einzelheiten des ganzen Musters und aller Schritte.

Das Rohr wird nun, nicht verdreht, durch das nächste Loch nach oben geführt, die glänzende Seite immer nach oben; selbst auf der Unterseite des Rahmens. Ziehen Sie an und sichern Sie mit einem Stift (Abb. 3). Das Rohr wird nun auf die gegenüberliegende Seite zu dem Loch neben dem allerersten Loch geführt. Entfernen Sie den zweiten oder dritten Stift und benutzen Sie ihn für dieses Loch. Der erste Stift hält das Rohr fest, alle folgenden Stifte werden wieder entfernt und »reisen« mit der Bespannung. Führen Sie das Rohr weiter hin und her, bis Sie das andere Ende des Rahmens erreicht haben. Wenn Sie einen neuen Faden ansetzen müssen, lassen Sie das Ende des alten unten hängen, der Stift bleibt dann so lange in dem Loch, bis alle Fäden befestigt sind. Beginnen Sie beim nächsten Loch mit einem neuen Faden, genau wie ganz im Anfang. Lassen Sie vom Ende und Anfang jedes Fadens 10 cm unten hängen. Machen Sie die Spannung ziemlich fest und gleichmäßig.

2. Schritt. Er wird genauso wie der erste gearbeitet, diesmal geht der Faden aber genau rechtwinklig über den ersten Schritt.

3. Schritt. Zweite Spannlage. Der erste Schritt wird über den anderen beiden Schritten wiederholt. Der nächste Schritt wird einfacher, indem man das Rohr in diesem Schritt so anordnet, daß es nicht auf dem Rohr des ersten Schritts liegt, sondern parallel daneben. Halten Sie den Faden, vor allen Dingen in den Löchern, rechts vom ersten Faden (Abb. 4). Planen Sie die Arbeit so, daß Sie auf der Unterseite des Rahmens die Zwischenräume gebrauchen, die beim ersten Mal nicht bedeckt wurden. Mit anderen Worten, legen Sie die Rohre nicht übereinander.

Befestigen Sie die Enden, wenn Sie wollen, schon während der Arbeit. Legen Sie das neue Ende, ohne es zu verdrehen, zweimal um das kurze Fadenstück auf der Unterseite zwischen den Löchern (Abb. 5).

Der 4. Schritt ist eine Wiederholung des zweiten Schrittes, aber anders als bei diesem, muß der Faden unter und über (nicht über und unter) die vertikalen Fäden geflochten werden.

Für diesen Schritt brauchen Sie mehr Zeit als für die anderen. Fahren Sie mit dem Finger der Länge nach in beiden Richtungen am Rohr entlang und flechten Sie dann in der Richtung, in der das Rohr sich glatter anfühlt.

Beginnen Sie wie beim zweiten Schritt, machen Sie ein Ende mit einem Stift fest. Das Rohr darf nicht verdreht sein, die richtige Seite muß oben liegen. Beginnen Sie am befestigten Ende und lassen Sie die gesamte Länge des Rohrs durch Ihre Finger gleiten, damit es bis ans Ende keine einzige Verdrehung hat. Das ist sehr wichtig, denn Sie können das Rohr nicht mehr entwirren wenn Sie damit geflochten haben. Dazu müßten Sie es wieder herausnehmen. Wenn das Rohr glatt ist, führen Sie es unter das Rohr der ersten Spannlage (das linke), zwischen den beiden vertikalen Rohren hoch und über die zweite Spannlage.

Wiederholen Sie das mit jedem Paar. Ziehen Sie die ganze Länge des Rohrs erst durch, wenn Sie sechs Paare passiert haben. Das durchgezogene Rohr macht die Arbeit flach, gerade und dicht. Flechten Sie hin und her, und setzen Sie, wenn nötig, Fäden an. Halten Sie das Muster in Ordnung. Denken Sie daran, der Faden geht immer erst unter die erste Spannlage und über die zweite.

5. Schritt. Die erste Diagonale. Wenn Sie bis jetzt dünnes Rohr genommen haben, so müssen Sie jetzt die nächste Stärke nehmen. (Ansonsten flechten Sie mit Nr. 4 weiter.)

Befestigen Sie das Rohr in der hinteren linken Ecke. Flechten Sie über das erste (horizontale) Paar, bewegen Sie sich nach rechts, indem Sie unter das vertikale Paar flechten, dann über das nächste horizontale Paar u. s. w. Man scheint in Stufen zu flechten, aber wenn der Faden fest durchgezogen ist, bildet er eine diagonale Linie (Abb. 2). Wenn der Stuhlrahmen quadratisch ist, landen Sie in der gegenüberliegenden Ecke, sonst führen Sie den Faden in das Loch, bei dem Sie ankommen. Führen Sie das unverdrehte Rohr durch das nächste Loch vorne links wieder nach oben, und flechten Sie zurück. Achten Sie auf das Muster: **über** die Horizontalen und **unter** die Vertikalen! Flechten Sie so weiter, bis Sie in der Ecke den Faden nur noch von einem Loch zum anderen führen.

Beginnen Sie am Anfangsloch mit einem anderen Faden (die Ecklöcher werden zweimal benutzt) die ersten Diagonalen zu ergänzen. Flechten Sie wie vorher unter die Vertikalen, über die Horizontalen. Vollenden Sie diesen Schritt und prüfen Sie dann, ob das Muster stimmt.

Der 6. Schritt ist die zweite Diagonale. Diese ist genau das Gegenstück zum fünften Schritt. Beginnen Sie in einer anderen Ecke, und flechten Sie rechtwinklig zu den ersten Diagonalen. Die Ecklöcher werden wieder zweimal benutzt. Diesmal geht der Faden unter die Horizontalen und über die Vertikalen.

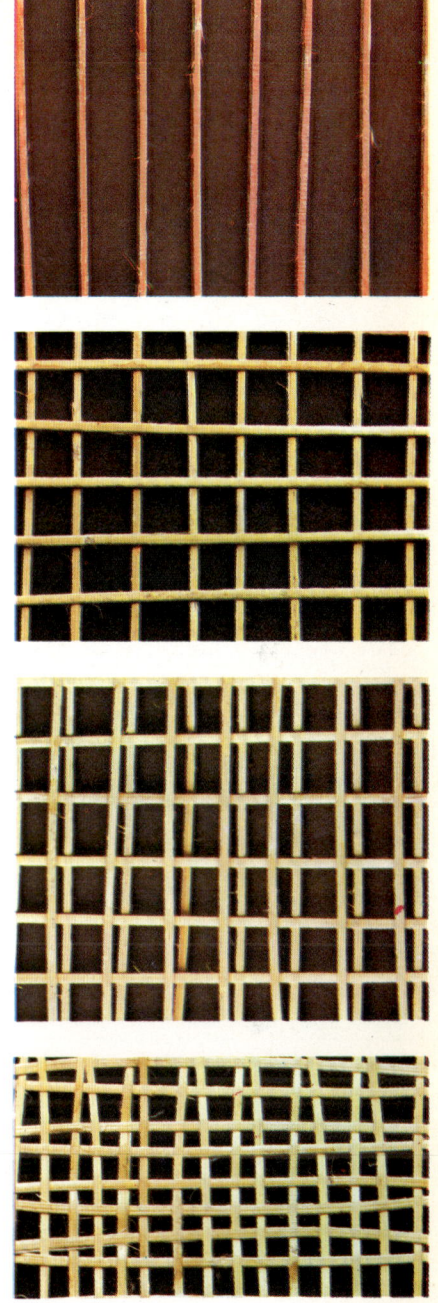

Die ersten vier Schritte in ihrer Reihenfolge

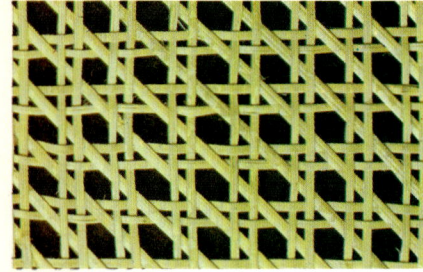

Oben: Die letzten drei Schritte in ihrer Reihenfolge
Der letzte und siebte Schritt ist das Verblenden

Unten: Die Befestigung der Blende

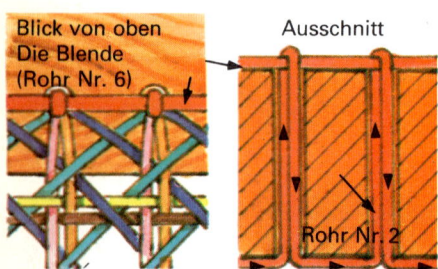

Blick von oben
Die Blende
(Rohr Nr. 6)

Ausschnitt

Rohr Nr. 2

Das Befestigen der Enden. Jetzt sind im Rahmen eine ganze Menge Stifte, die Rohrenden festhalten. Diese werden jetzt befestigt, wenn Sie das nicht schon vorher getan haben.

Feuchten Sie die Enden an, damit sie biegsam werden. Schneiden Sie an jedes Rohrende eine Spitze. Führen Sie jedes Rohrende zweimal unter die Schlinge daneben Helfen Sie eventuell sanft mit dem Pfriem das Rohr in die richtige Stellung zu bringen. Verdrehen Sie das Rohr nicht, die glänzende Seite muß oben sein. Klopfen Sie die Wicklung sanft mit einem Hammer flach und schneiden Sie das Ende kurz ab. Wenn drei oder vier Enden aus einem Loch kommen, ist es schwierig, sie zu befestigen. Legen Sie das Rohr unter eine angrenzende Schlinge, dann gehen Sie unter dem Rohr zurück. Schneiden Sie das Ende ab. Stifte werden in blinden Ecken und in Löchern gebraucht, die lose Enden haben, deren Befestigung sonst nicht möglich ist. Die Stifte müssen fest sitzen. Wenn sie in ihre richtige Stellung geklopft sind, müssen sie eben mit dem Stuhlrahmen abschließen. Wenn Sie die Löcher mit einer Blende aus Rohr bedecken wollen, dann klopfen Sie die Stifte erst ein, wenn die Blende angebracht ist.

7. Schritt. Ein Rohr auf dem Rand des Flechtwerks als Blende ist eine neuere Ergänzung solcher Arbeiten, die nur dem Aussehen dient. Man kann sie aus zwei verschieden starken Rohren machen, gewöhnlich Nr. 2 und Nr. 6; es gibt keine feste Regel, Sie können auch Nr. 4 verwenden.

Das stärkere Rohr wird über die Löcher gelegt und verbirgt sie. Das dickere Rohr wird durch das dünnere Rohr gehalten. Das Verblenden ist immer mit Befestigen durch Stifte oder Verschnüren verbunden. Verschnüren Sie, bevor Sie mit dem Verblenden beginnen.

Stecken Sie einen Faden Nr. 2 in ein Loch neben einer Ecke. Lassen Sie das Ende 4 cm nach oben herausstehen. Führen Sie es durch das nächste Loch nach unten, und bringen Sie das lange Ende durch dasselbe Loch nach oben. Dadurch wird das kurze Ende befestigt. Stecken Sie einen Faden Nr. 6 in dasselbe Loch, so daß es an einer Seite des Rahmens über den Löchern liegt.

Führen Sie das dünne Rohr über das dicke Rohr und stecken Sie es durch dasselbe Loch nach unten. Legen Sie das dünne Rohr auf der Unterseite des Stuhls zu dem nächsten Loch. Verdrehen Sie es nicht, die glänzende Seite muß zu sehen sein. Führen Sie es durch dieses Loch nach oben. Legen Sie es über das dicke Rohr und durch dasselbe Loch wieder nach unten (Abb. 6). Machen Sie das bis zum Eckloch, und stecken Sie das dicke und das dünne Rohr in dieses Loch. Beginnen Sie mit den zwei Rohren mit der Verblendung der benachbarten Seite, bevor Sie das Ende endgültig mit Stiften befestigen.

Schneiden Sie zum Schluß alle Enden auf der Unterseite ab, nachdem Sie sie durch Stifte oder Verschnüren befestigt haben. Wenn die Löcher sehr eng zusammen liegen, ist es einfacher mit Rohr Nr. 4 zu verblenden, oder Sie befestigen das dicke Rohr nur bei jedem zweiten Loch.

Binsen

Binsenarbeiten

Seit Jahrhunderten macht man Binsenkörbe und -matten. Die alten Ägypter arbeiteten viel mit Binsen, sie stellten sogar Hausboote aus Binsen her. In England fertigte man während der Tudorzeit Talglichter mit Binsen. Leute, die es sich leisten konnten, bedeckten ihre Fußböden mit Binsen. Nur wohlhabende Familien konnten sie öfter als einmal im Jahr wechseln. Später flocht man Binsenzöpfe, die man zu Matten zusammennähte. Sie hielten länger und wirkten fast schon wie Gewebe.
Es ist leicht, mit Binsen zu arbeiten, selbst wenn Sie es noch nie versucht haben.
Wegen ihrer Farbe und Beschaffenheit macht es Freude, mit natürlichen Binsen zu arbeiten. Heute stellt man schöne und nützliche Gegenstände her, die sich harmonisch in das moderne Leben einfügen. Binsen wachsen in stehenden Gewässern und Flüssen mit langsamer Strömung. Nachdem man sie abgeschnitten hat, läßt man sie langsam trocknen. Sie werden gebündelt verkauft. Die Länge der Binsen in einem Bündel ist unterschiedlich, durchschnittlich beträgt sie 180 cm.

Die Lagerung

Binsen sollten trocken und möglichst dunkel aufbewahrt werden; letzteres damit sie nicht ausbleichen. Der Dachboden ist ein geeigneter Platz, da eine Staubschicht sie zusätzlich schützt. Sie können auch im Garten Pflanzen finden, die für Binsenarbeiten verwendet werden können. Iris, Gladiole, Montbretie und viele Gräser haben, wenn sie getrocknet sind, warme goldbraune Farben. Man kann auch manche hochwachsende Teichpflanzen verwenden. Schneiden Sie die Pflanzen gegen Ende des Sommers und lassen Sie sie trocknen. Wenn Sie dann mit ihnen arbeiten wollen, müssen Sie sie genau wie Binsen vorbereiten.

Die Vorbereitung

Behandeln Sie trockene Binsen sehr vorsichtig, sie sind spröde, und man kann sie deshalb leicht beschädigen. Befeuchtigen Sie sie etwa fünf Minuten mit einer Gießkanne, oder tauchen Sie sie in kaltes Wasser. Noch besser ist es, wenn Sie sie in den Regen legen können. Wickeln Sie sie anschließend für etwa drei Stunden in ein feuchtes Tuch, damit sie richtig geschmeidig werden. Sie können sie auch eine ganze Nacht eingewik-

Ein Binseneinfädler oder eine Fußballahle wird gebraucht, um die
Enden in die Arbeit zu flechten.

1

Für Flechtarbeiten sind einige
Pflanzen geeignet: Montbretie,
Gladiole, Iris und Binse. Binsen findet man in stehendem und fließen-
dem Wasser. Wenn sie geschnitten sind, müssen sie langsam
trocknen.

kelt lassen. Bevor Sie mit der Arbeit beginnen, muß jede Binse einzeln behandelt werden. Die Stärke des dünnen Endes muß ausprobiert werden. Halten Sie eine Binse etwa 15 cm unterhalb der braunen Blüte an der Spitze (die manchmal schon abgefallen ist) und direkt an der Spitze fest, und ziehen Sie sie mit einem sanften Ruck auseinander. Werfen Sie das abgebrochene Ende fort, und wiederholen Sie den Vorgang wieder 15 cm unter dem jetzigen dünnen Ende, bis die Binse nicht mehr reißt. Es ist besser, wenn Sie jetzt die schwachen Enden loswerden, als daß sie später beim Flechten abreißen. Sie werden bald herausgefunden haben, wie stark Sie ziehen müssen. Wenn eine Binse beim Flechten abbricht, dann haben Sie beim Test nicht stark genug gezogen; wenn eine Binse am dicken Ende abreißt, dann haben Sie allerdings zu stark gezogen. Jetzt muß jede Binse »abgerieben« werden. Das geschieht, damit die Binsen sauber sind und die Luft und das Wasser aus dem Inneren herausgedrückt wird. Halten Sie das dünne Ende des Halmes in einer Hand, und reiben Sie die Binse mit einem feuchten Tuch ab, indem Sie sie gleichzeitig so zusammendrücken, daß das Wasser aus dem dicken Ende herausläuft. Wenn man das nicht tut, läuft die Arbeit später so stark ein, daß große Lücken entstehen.

Werkzeuge und Zubehör

Für Binsenarbeiten braucht man nur wenige und billige Werkzeuge und Zubehör. Sie benötigen ein dickeres Tuch zum Einwickeln und ein feuchtes Tuch zum Abreiben der Binsen, außerdem eine Schere und einen Binseneinfädler (Abb. 1), den Sie in einem Werkzeugladen kaufen können; Sie können jedoch auch eine Fußballahle nehmen.

Sie brauchen auch eine Art Rahmen oder Form, auf der Sie den Korb aufbauen können – ein Holzstück, ein Blumentopf oder eine Keksdose geben eine gute Stütze für Binsenarbeiten ab. Später brauchen Sie noch kräftige Schnur und feinen Faden. Mit dem Faden nähen Sie Zöpfe zusammen, und mit der Schnur binden Sie die Arbeit auf der Form fest. Zum Nähen brauchen Sie eine Nadel mit großer Öse.

Eine runde Matte

Beginnen Sie mit einer Tischmatte, damit Sie mit dem Werkzeug und dem Material vertraut werden. Die Matte hat einen Durchmesser von etwa 20 cm. Wenn Sie die Größe Ihrer Matte planen, geben Sie für jedes Ende einer Stake 10 cm für den Rand zu.

Karogeflecht. Reiben Sie die 12 dickeren Staken ab, damit sie sauber und flach werden. Legen Sie sechs von ihnen horizontal vor sich dicht zusammen. Wechseln Sie immer ein dickes und dünnes Ende ab, damit am

Ein deutliches Bild von drei verschiedenen Arten flacher Binsenarbeit. Für die Matten in der Mitte und rechts geben wir eine Arbeitsanweisung.

Ende nicht eine Seite der Arbeit kräftiger aussieht. Halten Sie die linke Hälfte der Staken mit der linken Hand auf dem Tisch fest. Heben Sie die erste (die am weitesten von Ihnen entfernte), die dritte und die fünfte Stake hoch und mit der linken Hand fest.

Legen Sie eine andere Stake nahe Ihrer linken Hand über die zweite, vierte und sechste Stake, wie Sie es auf dem Bild sehen, so daß die erste Reihe eines Karomusters gebildet wird, wenn Sie die Staken in Ihrer linken Hand wieder los lassen. Jetzt nehmen Sie die zweite, vierte und sechste Stake hoch. Die Arbeit geht einfacher, wenn Sie folgendermaßen vorgehen: Nr. 2 hoch, Nr. 1 nach unten, Nr. 4 hoch, Nr. 3 nach unten, Nr. 6 hoch, Nr. 5 nach unten. Ziehen Sie an den Staken, damit das Karomuster eng wird. Bringen Sie alle sechs vertikalen Staken an ihren Platz, dann ist die Karomitte fertig.

Das **Fitzen** geht wie beim Peddigrohr. Biegen Sie einen Faden nicht ganz in der Mitte, und schlingen Sie ihn um die erste Stake irgendeiner Seite. Fitzen Sie zweimal ganz herum: linker Faden vor eine, hinter die nächste und wieder nach vorne. Ziehen Sie bei jedem Schlag den Faden gut nach unten.

Einen Faden ansetzen. Wenn bei einem Faden noch etwa 8 cm übrig sind und er zum Flechten an der Reihe ist, dann schlingen Sie das dünne Ende der neuen Binse um die Stake zwischen den zwei Fäden. Machen

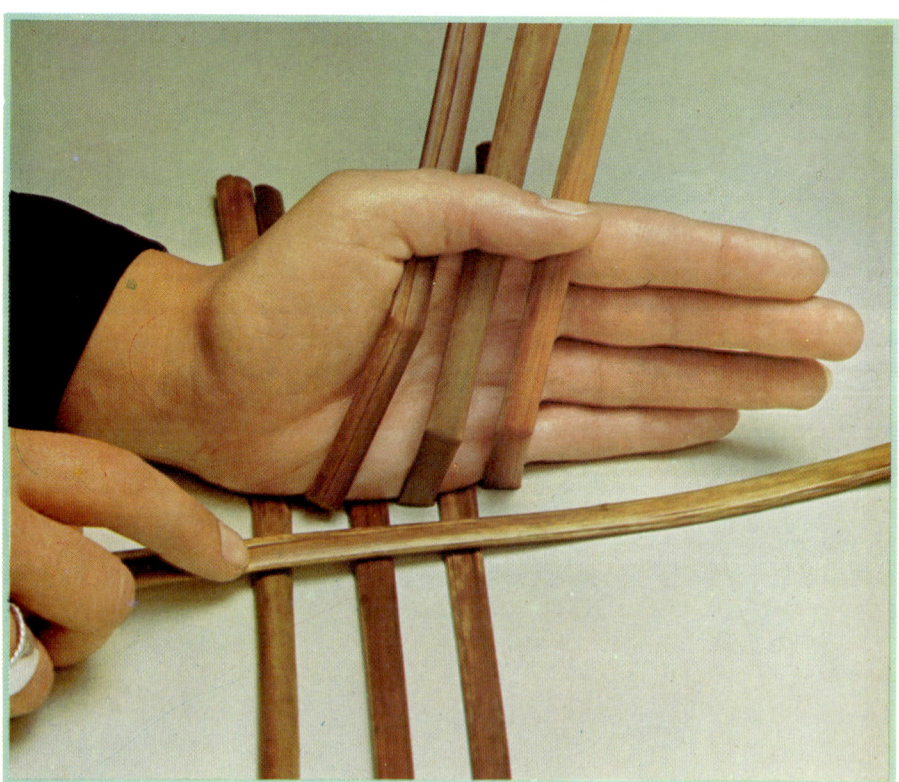

Das Karogeflecht wird begonnen, indem man mit der linken Hand jede zweite Binse hochhält, damit die vertikalen Staken an ihren Platz gebracht werden können.

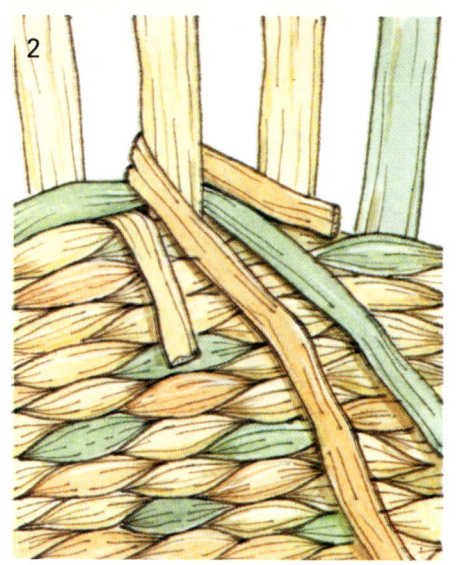

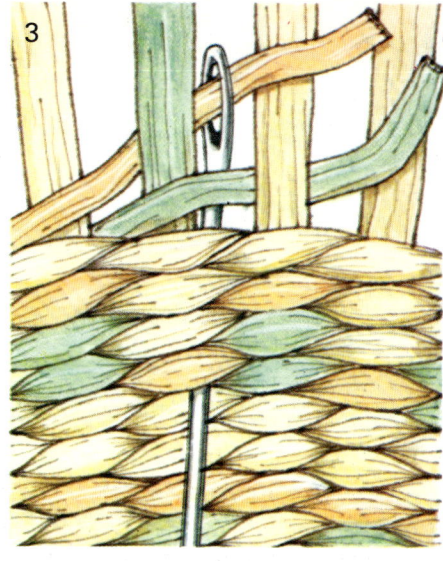

Ganz links: Eine neue Binse wird angesetzt
Links: Das Fadenende wird in das Flechtwerk gezogen

Sie die Schlinge etwa 8 cm vom Ende entfernt (Abb. 2). Jetzt haben beide Fäden ein langes und ein kurzes Ende. Fitzen Sie weiter, und flechten Sie dabei die kurzen Enden mit ein. Wenn beide Fäden gleichzeitig zu Ende sind, dann biegen Sie einen neuen nicht ganz in der Mitte und schlingen ihn um die Stake zwischen den beiden kurzen Enden. Dann haben Sie wieder zwei lange Fäden. Die beiden kurzen Enden werden mit eingeflochten.

Fitzen Sie zwei Runden. Prüfen Sie dann, ob die Staken fest in der Mitte sitzen. Ziehen Sie sie, wenn nötig, in die richtige Lage. Brechen Sie nach der zweiten Runde die Staken speichenförmig auf. Fitzen Sie bis die Matte einen Durchmesser von 19 cm hat. Beide Fadenenden werden befestigt, indem man sie in das Flechtwerk zieht. Schieben Sie die Ahle durch die letzten vier Runden Fitze. Fädeln Sie einen Faden ein, und ziehen Sie die Ahle durch die Fitze zurück (Abb. 3). Wiederholen Sie das mit dem anderen Faden. Ein Rand vervollständigt die Matte. Die Ränder werden auf Seite 93 beschrieben.

Eine ovale Matte

Ovale Matten werden wie runde Matten gefertig, nur haben die Staken zwei verschiedene Längen. Sie können nach Wunsch breite oder lange, schlanke Ovale herstellen. Beim Korbflechten ist ein Oval nur ein länglicher Kreis. Geben Sie bei den Staken an jedem Ende 10 cm für den Rand zu. Die Matte mißt 28 × 23 cm. Legen Sie die langen Staken eng zusammen horizontal auf den Tisch. Legen Sie die linke Hand auf ihre Mitte, und heben Sie die erste, dritte und fünfte Stake auf. Legen Sie die erste kurze Stake über die zurückgebliebenen horizontalen Staken. Ordnen Sie fünf weitere kurze Staken so an, daß in der Mitte der Matte ein Karomu-

---

Für die ovale Matte brauchen Sie:
6 dicke Binsen von 48 cm Länge,
12 dicke Binsen von 43 cm Länge,
14–18 Binsen zum Flechten,
Binseneinfädler

Einige der einfachen Ränder, die man um Binsenmatten machen kann. Achten Sie darauf, daß die Staken feucht sind, bevor Sie beginnen.

ster entsteht. Drehen Sie die Arbeit um und ordnen Sie die restlichen kurzen Staken an. Dadurch erreichen Sie, daß das Karomuster wirklich in der Mitte der Staken ist. Fitzen Sie dann 5 cm. Wenn Sie wollen, können Sie nun mit dem Rand Nr. 3 beginnen. Fitzen Sie dann weitere fünf Runden, und beenden Sie die Arbeit. Wenn Sie einen der ersten beiden Ränder machen möchten, fitzen Sie 8 cm, bevor Sie damit beginnen.

Wenn die Matte fertig ist, sollten Sie sie flach pressen, sie sieht dann schöner aus. Legen Sie sie zwischen Zeitungspapier, und beschweren Sie sie eine Nacht lang mit einigen schweren Büchern.

Die Ränder

Es gibt eine Reihe von einfachen Rändern, die man bei Binsenarbeiten anwenden kann, und die auch für diese Matten geeignet sind. Die Staken müssen für die Arbeit feucht sein.

Rand Nr. 1 Stechen Sie die Ahle durch die letzten vier Runden Fitze, wie Sie es zum Befestigen der Fäden gemacht haben. Fädeln Sie den Faden aus dem nächsten Kanal links ein, und ziehen Sie ihn durch die Fitze. Versuchen Sie die Stake nach rechts zu drehen, bevor sie endgültig heruntergezogen wird. Verdrehen Sie die Staken nicht auf verschiedene Art. Wenn sie alle auf die gleiche Art umgebogen werden, sieht der Rand gleichmäßig aus.

Nähen Sie alle Staken auf diese Art ein, und ziehen Sie kräftig an ihnen, damit der Rand fest ist. Wenn alle Staken ordentlich sitzen, schneiden Sie sie an der Stelle ab, wo sie aus der Fitze herauskommen. Wenn Sie vor dem Schneiden ein wenig an der Stake ziehen, dann springt sie nach dem Schneiden etwas zurück und ist unsichtbar.

Rand Nr. 2 Dieser Rand ist genau gleich, wie der erste Rand, nur wird die Stake aus dem zweiten Kanal links eingefädelt und ins Geflecht gezogen.

Rand Nr. 3 Drücken Sie nacheinander alle Staken flach und biegen Sie sie in einem vorausberechneten Abstand vom Geflecht um, wenn Sie noch fünf Runden fitzen müssen. Sie brauchen für die fünf Runden Fitze etwa 2,5 cm und dann noch so viel, wie die umgebogenen Staken als Rand vorstehen sollen. Machen Sie sich irgend ein Maß, damit alle Knicke den gleichen Abstand vom Geflecht haben. Fitzen Sie um die geknickten Staken die restlichen Runden, und schneiden Sie zum Schluß evtl. vorhandene Stakenenden ab.

Gedrehte Henkel und Ränder

Mit den Anleitungen dieses Kapitels kann man eine Schale herstellen, die teilweise kettengefitzt ist, und die einen Zuschlagrand mit zwei Staken hat. Bereiten Sie die Binsen so vor, wie es vorher beschrieben wurde.

Ein Blumenkorb
Dieser Korb besteht aus einer flachen, runden Matte mit einem Henkel. Stellen Sie die runde Matte wie die im vorigen Kapitel her. Für den Henkel brauchen Sie zusätzlich zwei dicke Binsen. Binden Sie zwei gegenüberliegende Seiten der Matte hoch, bevor sie trocken ist.
Der Henkel. Schneiden Sie für den Henkel zwei Binsen von etwa 1 m Länge. Schieben Sie beide durch eine der hochgewölbten Seiten unterhalb der dritten Runde Fitze. Helfen Sie mit der Ahle nach. Ziehen Sie die Binsen so durch, daß Sie vier gleichlange Enden bekommen. Nehmen Sie ein dickes und ein dünnes Ende in jede Hand. (Dadurch wird der gedrehte Henkel gleichmäßig.) Befestigen Sie den Korb irgendwo, oder lassen Sie ihn von jemandem halten. Drehen Sie jetzt die beiden Binsen in Ihrer rechten Hand zweimal, legen Sie sie dann über die Binsen in der linken Hand. Wechseln Sie die Hände, drehen Sie wieder usw., bis der Henkel die gewünschte Länge hat. Auf diese Weise wird der gedrehte Henkel fest. Wenn Sie die Binsen nur in einer Hand umeinander drehen, dann bleiben sie lose und unregelmäßig.
Befestigen Sie den Henkel, indem Sie ein Ende von jedem Strang von innen bei der dritten Reihe Fitze durch das Geflecht schieben. Schieben Sie die beiden anderen Enden durch dasselbe Loch, aber diesmal von außen nach innen. Jetzt haben Sie genau gegenüber vom Ausgangspunkt des Henkels zwei Enden auf der Innenseite und zwei Enden auf der Außenseite des Korbes. Flechten Sie alle Enden in die Fitze. Lassen Sie den Korb in seiner Form gebunden, bis er völlig trocken ist.

Ein anderer Rand
Zur Abwechslung können Sie auch einen anderen Rand machen.
Rand Nr. 4. Dieser Rand ist so ähnlich, wie Rand Nr. 3. Jede der Staken muß jedoch zweimal gedreht werden, bevor man weiterfitzt. Die erste Drehung machen Sie da, wo der Rand aufhören soll. Knicken Sie die

Gegenüber: Aus einer flachen runden Matte wird ein hübscher rustikaler Korb geformt. Man kann ihn in vielen Größen und mit verschiedenen Rändern anfertigen. Er sieht besonders schön aus, wenn er mit Obst, Nüssen oder Blumen gefüllt ist.

Aus zwei zusammengedrehten Binsen wird ein Henkel geformt, der in der Matte befestigt wird.

1. Knicken Sie die Stake im rechten Winkel zu sich selbst, und legen Sie sie quer

2. Knicken Sie die Stake dann nach unten, so daß ein kleines, spitzes Dach entsteht

Unten: Der fertige Rand

Stake dann im rechten Winkel zu sich selbst hin, dann wieder nach unten, so daß ein kleines spitzes Dach entsteht (Abb. 1 u. 2). Fitzen Sie dann weiter. Dieser Rand ist doppelseitig, wie alle Ränder, aber er sieht auf jeder Seite anders aus. Sie können beide Seiten als die obere Seite verwenden.

Eine große Schale

Diese Schale (sie ist auf den beiden Fotos auf Seite 98/99 zu sehen) kann als Obstschale oder als Brotkorb benutzt werden: Sie hat nämlich einen

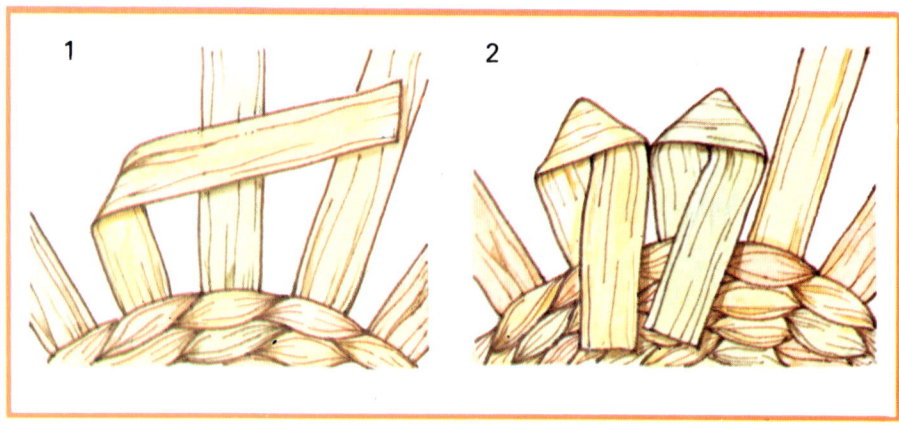

Durchmesser von etwa 35 cm. Beginnen Sie für diese Schale wie bei der runden Matte mit einem Karogeflecht, nehmen Sie aber diesmal doppelte Staken, d. h. zwei Binsen für eine Stake. Fitzen Sie 4 cm mit doppelten Staken.

Kimmen Sie auf die gleiche Weise wie mit Peddigrohr, aber machen Sie keinen Schritt aufwärts. Stecken Sie einen dritten Faden ein. Kimmen Sie drei Runden. Fitzen Sie eine Runde, und brechen Sie dabei die Staken einzeln auf.

Kettenfitzen Sie sechs Runden. Kimmen Sie drei Runden, ziehen Sie dabei die Fäden fest an, damit der Rand sich etwas hochwölbt.

Zuschlagrand mit zwei Staken. Sie können einen von den einfachen Rändern machen oder einen Zuschlagrand mit zwei Staken versuchen. Halten Sie die Schale mit der Unterseite gegen sich. Biegen Sie eine Stake

Für eine große Schale brauchen Sie:
32 dicke Binsen von 66 cm Länge,
40–45 Binsen zum Flechten,
Binseneinfädler

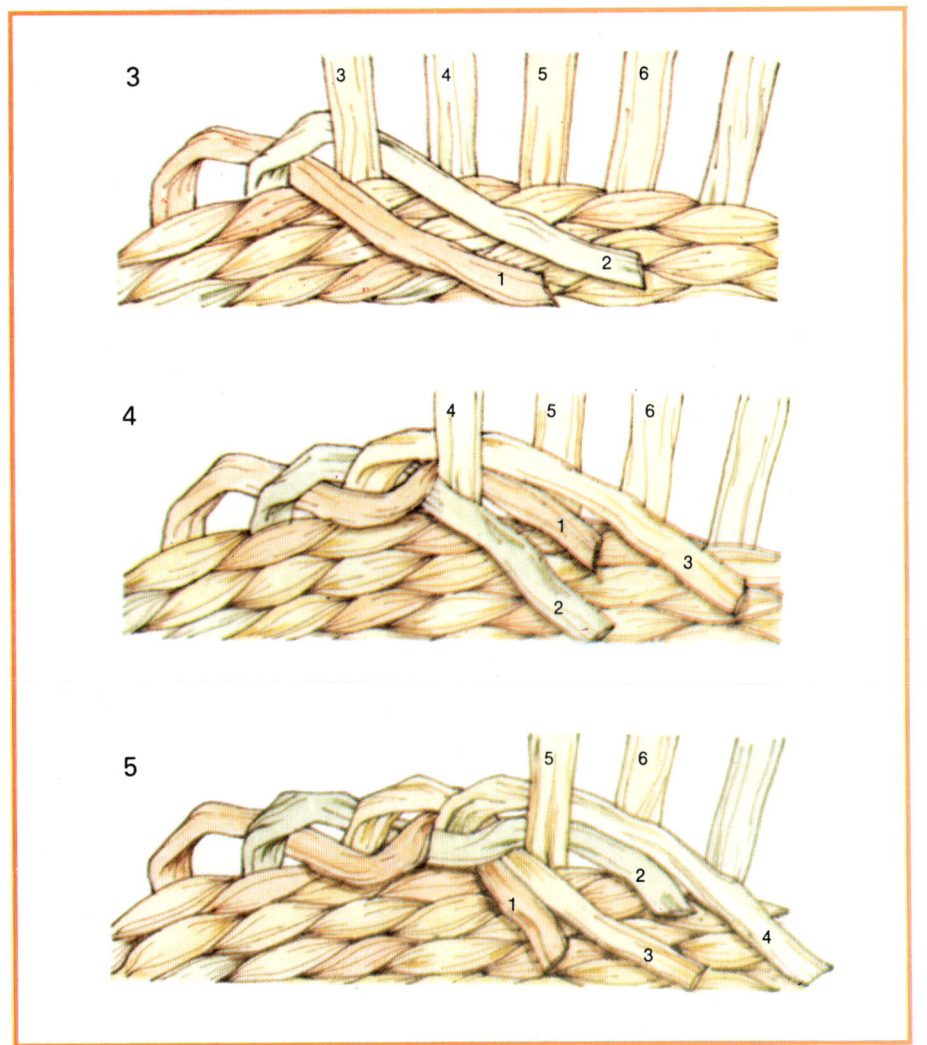

3. Der Anfang des Randes
4. Das zweite Stadium des Randes
5. Die Staken bilden Paare

(1) hinter die nächste (2), dann 2 hinter 3 (Abb. 3). Nehmen Sie Stake 1 vor Stake 3, hinter Stake 4 und dann wieder nach vorn. Legen Sie Stake 3 neben aber hinter sie (Abb. 4).

Nehmen Sie Stake 2 vor Stake 4, hinter Stake 5 und zurück nach vorn. Biegen Sie Stake 4 neben aber hinter sie (Abb. 5). Nehmen Sie das längere Ende des linken Paares (die dritte Stake von rechts) vor eine und hinter eine, und biegen Sie die nächste aufrechte Stake herunter und hinter sie. Das Ganze ist ähnlich, wie der Zuschlagrand mit drei Staken, nur daß Sie zwei statt drei Paare haben.

Wenn Sie nur noch eine aufrechte Stake übrig haben, dann nehmen Sie die dritte von rechts vor die letzte aufrechte Stake und unter die Biegung der ersten Stake. Legen Sie die letzte Stake unter die erste Biegung. Flechten Sie die dritte von rechts unter die Biegung der zweiten Stake und die rechte des letzten Paares unter die Biegung der dritten Stake. Ziehen Sie alle Enden fest an, damit der Rand die Schale noch etwas mehr wölbt, und schneiden Sie sie dann 5 mm unterhalb des Randes ab. Schneiden Sie sie nicht zu kurz ab, damit sie nicht durchrutschen, wenn die Schale gebraucht wird.

Unten: Ein Ausschnitt der gleichen Schale, der die Kettenfitze genau zeigt, die zwischen zwei gekimmten Abschnitten ist.

Rechts: Diese wunderschöne Binsenschale hat einen Zuschlag mit zwei Binsen als Abschluß. Sie ist ideal für Brot, Käse oder Obst.

Binsenarbeiten mit Wandgeflecht

Binsenkörbe sind nicht schwieriger zu machen als einfache Matten. Für den abgebildeten Korb brauchen Sie meistens Techniken, die Sie schon können; außer einer neuen Flechtart, einem neuen Rand und einer neuen Technik des Wandgeflechts. Das Flechten mit Peddigrohr schreibt an bestimmten Stellen bestimmte Techniken vor, bei Binsenarbeiten kann man viel flexibler sein, Sie können je nach Geschmack jede Flechtart und jeden Rand wählen.

Formen

Sie brauchen irgendeine Form. Man kann dafür viele Gegenstände, die nicht zu groß sind, nehmen. Ganz alltägliche Dinge geben ausgezeichnete Formen ab – mit großen Blumentöpfen (am besten aus Ton, denn von Plastik rutschen Binsen leicht ab) kann man hübsche Papierkörbe machen, mit einem Henkel werden sogar Taschen daraus. Mit Keksdosen kann man kleine Blumen- oder Handarbeitskörbe herstellen. Mit einem großen Holzblock entsteht ein großer viereckiger Einkaufskorb. Nehmen Sie eine robuste Form, die sich auch nicht auflöst, wenn sie mit den nassen Binsen in Berührung kommt. Wenn eine Pappschachtel die ideale Form hat, dann packen Sie sie mit Büchern oder Holzscheiten voll, damit sie während der Arbeit stabil bleibt.

Die Staken

Wenn Sie eine Form gefunden haben, dann müssen Sie berechnen, wie viele und wie lange Staken Sie brauchen.
Um **die Anzahl** der Staken zu bestimmen, müssen Sie den Umfang der Form messen. Wenn diese gerade, aufsteigende Wände hat, können Sie das auf jeder Höhe tun, wenn sie sich nach außen wölbt, müssen Sie etwa 8 cm oberhalb des Bodens messen. Wenn die Binsen ungefähr 12 mm stark sind, dann brauchen Sie eine Binse pro 2,5 cm. Nehmen Sie mehr, wenn die Binsen dünner sind und weniger, wenn sie dicker sind.
Um **die Länge** der Staken für einen runden oder viereckigen Korb zu bestimmen, messen Sie von der Stelle wo Sie den Rand haben möchten bis

Ein länglicher Einkaufskorb aus Binsen. Er ist diagonal geflochten und hat einen Zopfrand.

zum Boden, quer über ihn und auf der anderen Seite wieder nach oben bis zu der Höhe, die Sie wünschen. Geben Sie noch genügend Länge für zwei Ränder, an jedem Ende der Stake einen, dazu. Geben Sie für einen einfachen Rand auf jeder Seite der Stake 10–15 cm zu, für einen komplizierteren 15–20 cm. Wenn die Form oval oder länglich ist, müssen Sie einmal um den engeren Teil messen und einmal um den weiteren. Sie müssen dann berechnen, wieviele lange und wieviele kurze Staken Sie brauchen. Beginnen Sie bei einer runden oder ovalen Form genau wie bei den runden oder ovalen Matten, nehmen Sie aber für jede Stake zwei Binsen (ohne die errechnete Anzahl zu erhöhen), damit sie dicker werden. Brechen Sie die Staken in der dritten Runde Fitzen einzeln auf. Fitzen Sie bis der Flechtboden dem Boden der Form entspricht, befestigen Sie dann nach der unten stehenden Anleitung die Arbeit auf der Form.

Für den länglichen Einkaufskorb brauchen Sie:

Ein halbes Bündel Binsen je nach Stärke der Binsen,

3 m weiches Band, um den Korb auf die Form zu binden,

einen Holzblock oder eine entsprechende Form.

Die Form, die für den abgebildeten Korb verwendet wurde, war ein starker Pappkarton (vollgepackt mit Büchern), der die Maße 32 × 13 cm hatte; der Umfang beträgt 90 cm,

Klebeband, Binseneinfädler

Ein länglicher Einkaufskorb

Der Korb mißt 32 × 13 cm und ist ohne Henkel 21 cm hoch (eine Abbildung haben Sie auf Seite 100 gesehen).

Der Boden. Schneiden Sie je nach Stärke der Binsen etwa zehn Staken von 117 cm Länge und etwa 26 Staken von 96 cm Länge, alle aus den kräftigsten Binsen im Bündel. Prüfen Sie sie auch vor Gebrauch.

Stellen Sie die Form mit der Unterseite nach oben auf den Tisch, und legen Sie die zehn langen Staken eng nebeneinander über die Länge des Bodens. Achten Sie darauf, daß sie wirklich in der Mitte sind. Kleben Sie diese Staken mit Klebestreifen in der Mitte und an einem Ende an die Form. Prüfen Sie, ob alle Staken richtig liegen, flachgedrückt und sicher festgemacht sind.

Beginnen Sie das Karogewebe in der Mitte, und arbeiten Sie zum unbefestigten Ende hin. Fügen Sie so viele kurze Staken ein, bis Sie das Ende des Bodens erreicht haben. Kleben Sie jetzt dieses Ende auf der Form fest, und entfernen Sie das Klebeband in der Mitte und am anderen Ende. Kleben Sie die Mitte über dem schon fertigen Karogeflecht wieder fest. Drehen Sie den Boden herum, und machen Sie die andere Hälfte des Karogeflechts. Prüfen Sie, ob alle Staken richtig und in der Mitte liegen, und ob alle oben auf der Form liegen und nicht über die Seiten ragen.

Das Wandgeflecht. Sie können entweder einen Wulst machen oder alle Staken an den Seiten der Form hochbiegen und fitzen oder kimmen. Es ist ziemlich einfach, einen festen Wulst zu machen, auf dem der Korb stehen kann. Verschnüren Sie den Karoboden mit der Form fest wie ein Paket. Machen Sie den Wulst, bevor Sie die Arbeit umdrehen.

Nehmen Sie nacheinander jede Stake (1), und führen Sie sie über die nächste Stake (2) nach rechts. Halten Sie die Stake 2 horizontal, so daß Stake 1 sich darum herumlegen kann. Legen Sie dann diese Stake (1) gegen die Seite der Form, d. h., daß jede Stake einen Platz weiter rutscht. (Abb. 1).

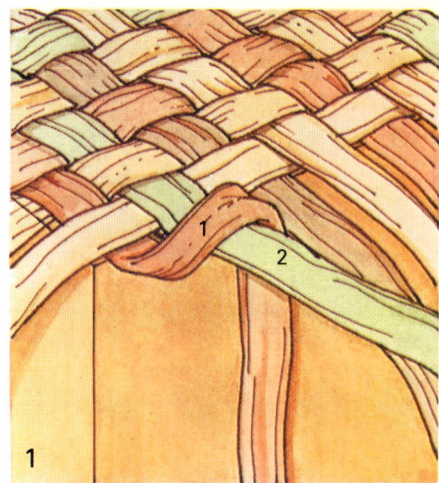

Oben: *Der Anfang eines Wulstes mit dem das Wandgeflecht beginnt* Links: *Dieses Bild zeigt das Diagonalgeflecht, die Fitze und den Zopfrand*

Wiederholen Sie das um den Korb herum. Die allerletzte Stake muß unter der Biegung der ersten Stake durchgeführt werden. Damit der Wulst ebenmäßig wird, sollten Sie versuchen, jede Stake auf die gleiche Weise über die nächste Stake zu führen. Fitzen Sie sechs Runden. Halten Sie sich genau an die Form, die Arbeit darf davon nicht abweichen. Achten Sie auf die Ecken. Die Staken an den Ecken müssen auf der richtigen Seite stehen. Sie rutschen beim Flechten leicht um die Ecke, und das verdirbt die Form des Korbes.

Ein Diagonalgeflecht ist eine Variation des Fitzens, und Sie können dafür die zwei Fäden der Fitze weiterverwenden. Bei diesem Geflecht muß die Zahl der Staken durch vier plus eine oder minus eine teilbar sein. Es können also 35 oder 37 Staken sein. Wenn die Zahl durch vier teilbar plus eine ist, dann läuft das Diagonalgeflecht von links nach rechts aufwärts, wenn sie minus eine Stake ist, läuft das Geflecht von rechts nach links aufwärts. So können Sie die Richtung selber bestimmen.

Erinnern Sie sich daran, daß für diesen Korb 36 Binsen geschnitten wurden, das macht 72 Staken. (Aus jeder Binse ergeben sich auf den gegenüberliegenden Seiten zwei Staken.) Da diese Zahl durch vier teilbar

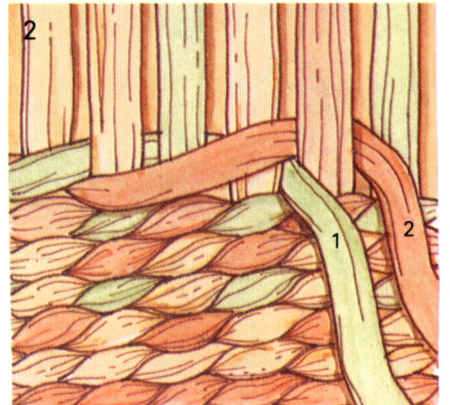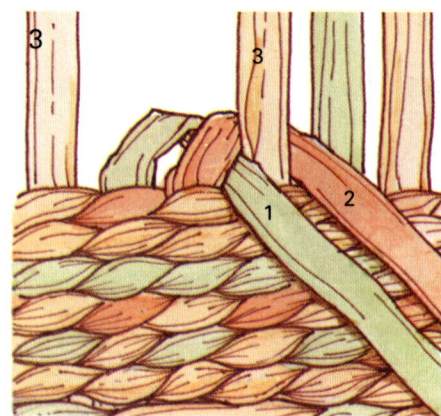

Rechts: *Der Anfang des Diagonal-geflechts*
Ganz rechts: *Der erste Schritt des Zopfrandes*

ist, muß eine Stake dazugefügt oder entfernt werden. Da die Staken bei dieser Arbeit ziemlich dicht stehen, flicht man einige Runden zwei Staken zusammen und schneidet dann die innere ab.

Wenn Sie eine Stake dazufügen wollen, nehmen Sie eine Binse von etwa gleicher Stärke, wie die anderen Staken, schneiden sie 31 cm lang und fädeln sie mit der Ahle an einer Stelle, wo die Staken weiter auseinander-stehen, in die Fitze. Flechten Sie mit den Fitzfäden weiter. Legen Sie den linken Faden vor eine Stake, hinter drei und wieder nach vorn. Legen Sie jetzt den anderen Faden (der nun auch links ist) vor drei, hinter eine und wieder nach vorn (Abb. 2). Flechten Sie so immer herum. Prüfen Sie am Ende der ersten Runde, ob das Muster stimmt. Wenn das Muster erst einmal steht, kann man es leicht prüfen.

Wenn Sie beim Diagonalgeflecht **einen neuen Faden ansetzen** müssen, dann schlingen Sie ihn um eine einzelne Stake. Wenn Sie ihn um eine der dreifachen Staken schlingen, die durch die Flechtart entstehen, wer-den Sie leicht zusammengezogen. Sie müssen vom alten Faden minde-stens 8 cm übrig lassen, um ihn später gut befestigen zu können. Arbei-ten Sie 15 cm Diagonalgeflecht. Fitzen Sie dann noch sechs Runden.

Der Zopfrand. Bevor Sie diesen kräftigen Rand beginnen, prüfen Sie fol-gendes:

Sind die Staken noch biegsam genug für einen Rand, oder sind sie trocken und brüchig? Wenn nötig, befeuchten Sie sie wieder und drük-ken danach Luft und Wasser heraus. Ersetzen Sie jede gebrochene oder häßliche Stake durch eine neue, die Sie mit der Ahle in die obere Fitze ziehen. Schneiden Sie die alte Stake erst ab, wenn die neue an ihrem Platz sitzt. Ziehen Sie die neue Stake so durch die Fitze, daß unten 5 cm herausstehen, dann kann sie nicht herausrutschen, wenn der Rand ge-flochten wird. Schneiden Sie dieses Ende ab, wenn der Rand fertig ist. Prüfen Sie, ob alle Stakenenden lang genug sind, Sie brauchen etwa 20 cm. Ersetzen Sie zu kurze Staken wie eben beschrieben. (Wenn zu viele zu kurz sind, dann wählen Sie einen einfacheren Rand.) Sorgen Sie

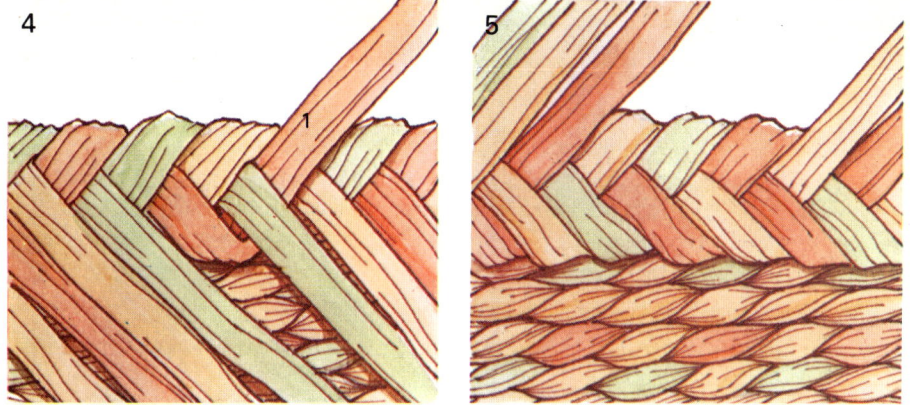

4 5

Ganz links: Der zweite Schritt des Zopfrandes
Links: Der Abschluß des Zopfrandes

dafür, daß die letzte Runde Fitze einen ebenen Abschluß ganz herum bildet. Wenn das nicht der Fall ist, ziehen oder drücken Sie sie zurecht. Dieser Rand wird in drei Schritten gearbeitet. Jeder ist abgeschlossen, bevor der nächste beginnt. Folgen Sie der Anweisung.

1. Schritt. (Abb. 3) Beginnen Sie an einer beliebigen Stelle damit, daß Sie die Stake 1 hinter Stake 2 legen. Sie bleibt dann vorläufig auf der Außenseite des Korbes hängen. Biegen Sie Stake 2 hinter Stake 3 und dann wieder nach vorn. Biegen Sie nacheinander jede Stake hinter die nächste rechts und wieder nach vorn. Die letzte Stake muß unter die Biegung der ersten Stake. Versuchen Sie, jede Stake genau gleich zu biegen, und halten Sie sie alle flach, damit Regelmäßigkeit entsteht. (Da dieser erste Schritt später nicht sichtbar wird, ist es nicht so sehr schlimm, wenn er nicht ganz ordentlich wird.)

2. Schritt. (Abb. 4) Beginnen Sie wieder an einer beliebigen Stelle. Biegen Sie Stake 1 in einem Winkel von 90° auf und unter die nächste Stake rechts. Machen Sie das wieder um den ganzen Korb herum. Die letzte Stake wird unter die erste gesteckt. Achten Sie darauf, daß alle Biegungen auf gleicher Höhe sind.

3. Schritt. (Abb. 5) Jetzt wird nacheinander jede Stake über den Rand des Korbes nach innen geführt und bei der nächsten Stake rechts in die Fitze gesteckt. Schieben Sie die Ahle von der Außenseite des Korbes durch die letzten vier Reihen der Fitze nach oben, so daß das Ende auf der Innenseite des Korbes herauskommt. Fädeln Sie die nächste Stake rechts in die Ahle und ziehen Sie sie durch die Fitze nach unten auf die Außenseite des Korbes. Schneiden Sie die Enden nahe an der Fitze ab.

Die Henkel sind gleich wie beim Blumenkorb im vorherigen Kapitel. Man braucht für sie vier Binsen von etwa 125 cm Länge. Schieben Sie zwei Binsen zwischen der siebten und achten Stake von der linken Ecke unter den Rand und die fünfte Reihe Fitze und zwei zwischen die achte und neunte Stake; dabei soll Ihnen jemand den Korb festhalten. Ziehen Sie die Binsen durch, so daß Sie acht gleichlange Enden erhalten. Halten Sie

Links: Zwei weitere Beispiele von Binsenarbeiten, die auf einer Form gearbeitet wurden.

Gegenüber: Ein Binsenhut, dessen Kopf einen spinnenförmigen Boden hat und dessen Krempe aus einem Einschlag- oder Madeirarand besteht.

vier in jeder Hand und formen Sie einen gedrehten Henkel. Schieben Sie zwischen der siebten und achten Stake von der rechten Ecke vier Enden von innen nach außen und zwischen der achten und neunten vier von außen nach innen. Flechten Sie die Enden ein. Bilden Sie den anderen Henkel auf die gleiche Art. Natürlich müssen Sie dafür sorgen, daß die Henkel besonders fest mit dem Korb verbunden sind, sonst taugt nacher der Korb überhaupt nichts: schließlich wollen Sie in dem Korb Ihre Einkäufe nach Haus tragen, also müssen die Henkel auch bei einiger Belastung wie gewünscht funktionieren. Nehmen Sie dann den Korb von der Form, und schneiden Sie auf der Innenseite, wenn nötig, die Fäden ab. Setzen Sie den Korb wieder auf die Form und lassen Sie ihn trocknen. Nehmen Sie ihn nicht zu früh ab, damit er sich nicht verziehen kann, wenn Sie ihn in noch leicht feuchtem Zustand schon benutzen und belasten. Wenn Sie gar zu ungeduldig sein sollten, können Sie die Form in die Sonne stellen und häufig drehen, damit die Binsen schneller trocken werden. Zu schnelles Trocknen kann aber auch dazu führen, daß die Binsen platzen und brechen.

Binsenhüte

Für den Binsenhut brauchen Sie:
450 g feine Binsen (die genaue Menge richtet sich nach der Größe und Form),
Faden und Binseneinfädler,
entweder eine Hutmacherform oder eine Plastikschüssel, die Sie evtl. mit Papier auspolstern müssen

Binsenhüte sind sehr hübsch und man kann sie auf vielerlei Art schmükken. Sie sind äußerst leicht herzustellen und haltbar. Wenn Sie keine Binsen bekommen können, nehmen Sie Iris, Montbretie oder Gladiolen. Suchen Sie eine passende Form für diesen Zweck.

Ein Binsenhut

Der Hut wird aus feinen Binsen geflochten. Je nach der Form, mit der Sie ihn arbeiten, kann er unterschiedlich aussehen. Auch den Aufputz kann man individuell gestalten.

Der spinnenförmige Boden. Man beginnt den Hut mit einem spinnenförmigen Boden. Nehmen Sie sieben Binsen von etwa 1 cm Breite. Binden Sie sie in der Mitte mit Faden zusammen. Die Länge ist nicht wichtig, da man die Binsen ergänzen kann, bevor man den Rand macht. Knicken Sie jede Binse in zwei Hälften, damit Sie sieben Paare haben (Abb. 1).

Fitzen Sie drei Runden mit einem feinen Faden. Drücken Sie die Fitze in die Mitte. Brechen Sie nach der dritten Runde die Staken einzeln auf. Fitzen Sie weitere 18 mm.

Nehmen Sie sieben Binsen von etwa 52 cm Länge und 12 mm Breite. Stecken Sie das dünne Ende neben jede zweite Stake in die Fitze. Fitzen Sie eine Runde, und brechen Sie dann die Staken einzeln auf. Jetzt haben Sie 21 Staken. Fitzen Sie 18 mm mit feinen Binsen. Fügen Sie dann zu jeder dritten Stake wie vorher eine Binse zu, so daß Sie 28 Staken haben. Jetzt brauchen Sie die Form. Binden Sie die Arbeit auf die Form, so wie es im vorigen Kapitel beschrieben wurde. Dann folgt die Flechtarbeit der Form, bis der Rand begonnen wird.

Fitzen Sie weitere 18 mm. Der Boden sollte jetzt einen Durchmesser von etwa 13 cm haben. Wählen Sie 28 Binsen von ähnlicher Stärke und etwa 45 cm Länge und stecken Sie sie gegen eine Stake in die Fitze. Fitzen Sie eine Runde, brechen Sie in der nächsten Runde die Staken einzeln auf, so daß Sie jetzt 56 Staken haben. Fitzen Sie eine weitere Runde.

Um den Hut fertig zu machen brauchen Sie Staken von ziemlich gleichmäßiger Stärke die lang genug sind, um einen Einschlagrand (Madeirarand) zu flechten. Wenn Sie die Seiten des Kopfes flechten, stecken Sie bei Bedarf neue Binsen ein. Suchen Sie für jede Stake eine Binse, die kürzer ist, als die Binsen, die zu den ersten sieben Paaren gesteckt wurden. Stecken Sie jede Binse in den Kanal, in dem die zu erneuernde Binse ist.

Die Erneuerung der Staken ist nicht eilig, sie sollte aber rechtzeitig abgeschlossen sein, bevor Sie mit dem Rand beginnen. Jetzt ist das Oberteil des Kopfes fertig, und die Seiten müssen geflochten werden. Achten Sie darauf, daß die Staken eng um die Form liegen, sonst wird das Geflecht lose und unordentlich. Wenn Sie zuviele Staken haben, so daß sie übereinanderliegen, dann flechten Sie in gleichmäßigen Abständen zwei zusammen. Wenn Sie zuwenig Staken haben, dann stecken Sie zusätzliche in die Fitze.

Bei dem abgebildeten Hut sind die Seiten aus Diagonalgeflecht, Sie können aber jede andere Flechtart wählen. Flechten Sie die Seiten etwa 9 cm hoch. Kimmen Sie an der Stelle des Hutbandes drei Runden, damit Sie besonders fest wird.

Jetzt verändert sich die Flechtrichtung für den Rand. Drehen Sie die Arbeit um und kimmen oder fitzen Sie vier Runden. Halten Sie den Rand recht flach. Wenn das schwierig ist, nehmen Sie die Form heraus und stopfen die Arbeit mit Papierknäueln aus. Stellen Sie sie dann mit dem Kopf nach oben flach auf den Tisch, und kimmen Sie herum, das hält den Rand flach.

Einschlag- oder Madeirarand. Beginnen Sie mit einer beliebigen Stake. Streichen Sie sie flach. Messen Sie 11,5 cm von der Kimme, und biegen Sie die Stake an dieser Stelle ordentlich nach rechts. Führen Sie diese Stake über und unter die nächsten sechs Staken rechts und stecken Sie sie neben der nächsten Stake in das Geflecht. Wiederholen Sie das nacheinander mit jeder Stake. Achten Sie darauf, daß jede in derselben Entfernung vom Geflecht umgebogen wird. Flechten Sie die letzten Staken über und unter bereits umgebogene Staken. Machen Sie das Muster immer ordentlich.

Schneiden Sie alle Enden ab. Formen Sie die Krempe so, wie es Ihnen am besten steht, und lassen Sie den Hut in dieser Form trocknen. Schmücken Sie den Hut, wie Sie möchten – oder lassen Sie ihn so schön, wie er jetzt schon ist.

Binsenzöpfe
und Binsenstühle

Sie können viele Versuche mit Binsen machen, aber zuerst sollten Sie Übung mit Korbflechten und Zopfflechten bekommen. Fußbodenmatten aus geflochtenen Binsen passen in fast jedes Haus, besonders gut in ein ländliches Heim. Geflochtene Matten sind nicht schwierig herzustellen, wenn Sie erst einmal mit Binsen umgehen können; Sie können dann reizende Muster anfertigen. Nehmen Sie für Fußbodenmatten dicke Binsen und für Tischmatten dünne.

Sie können dekorative Spiralenmuster machen; ähnlich können Schalen und Körbe hergestellt werden. Beginnen Sie mit einigen Zöpfen, selbst wenn Sie sie nicht verwenden, damit Sie ein Gefühl dafür bekommen, wie die Binsen gestrichen und gedreht werden müssen, damit sie fest und dauerhaft werden. Bereiten Sie die Binsen so vor, wie es im einführenden Kapitel auf Seite 86 beschrieben wird.

Binsenzöpfe

Nehmen Sie drei Binsen und binden Sie sie etwa in der Mitte zusammen. Wenn Sie sie genau in der Mitte zusammenbinden, dann sind die Enden alle genau zur selben Zeit zu Ende und das Ansetzen neuer Binsen ist schwierig. Zum Zusammenbinden nimmt man dünne feste Schnur oder einen Leinenfaden. Lassen Sie die Enden der Schnur immer so lang, daß Sie später damit nähen können. Schlingen Sie die Binsen an der Stelle, wo sie zusammengebunden sind um einen Haken oder Nagel in der Wand. Legen Sie die sechs Enden zusammen und teilen Sie sie dann so in drei Paare auf, daß jedes Paar aus einem dicken und einem dünnen Ende besteht. Dadurch wird der Zopf gleichmäßig stark. Der Zopf sieht zwar genauso aus, wie geflochtenes Haar, aber man benutzt beim Binsenflechten nur die rechte Hand für den eigentlichen Flechtvorgang, die linke Hand hält nur das Material fest.

Halten Sie zwei Paare in der linken Hand. Drehen Sie das dritte Paar mit der rechten Hand zwei- oder dreimal nach rechts. Glätten und ziehen Sie dabei die Binsen, so daß sie wie eine Binse aussehen und einen festen Flechtstrang bilden.

Legen Sie das rechte Paar über das mittlere Paar, und halten Sie es unter dem linken Daumen fest. Legen Sie das linke Paar über den gedrehten Strang. Jetzt ist das ursprünglich rechte Paar das linke, das linke Paar ist in der Mitte, und das mittlere Paar ist jetzt rechts. Mit diesem Paar arbeiten Sie nun. Sie bearbeiten dieses Paar mit der rechten Hand. Drehen Sie es, legen Sie es über das mittlere Paar in die linke Hand. Legen Sie das linke Paar darüber, so daß das mittlere Paar rechts ist. Achten Sie darauf, daß der Zopf gleichmäßig breit bleibt. Streifen Sie einen Ring des gewünschten Umfangs zur Kontrolle über den Zopf. Wenn der Zopf zu dick wird, dann rutscht der Ring nicht mehr über den Zopf, wenn der Zopf zu dünn wird, dann wird der Ring zu lose.

Wenn Sie einen neuen Faden ansetzen müssen, dann warten Sie, bis das

Gegenüber: Tischmatten aus Binsenzöpfen, die aufgerollt und zusammengenäht wurden.

zu ersetzende Ende nur noch etwa 10 cm lang und in der Mitte des Zopfes ist. Legen Sie die neue Binse so gegen die alte, daß die neue Spitze etwa 8 cm hervorschaut. Arbeiten Sie dann mit allen drei Binsen, den alten und der neuen, zusammen. Flechten Sie das alte Ende ganz in den Zopf ein. Man muß ein dickes Ende durch eine dicke Binse ersetzen und umgekehrt, damit der Zopf gleichmäßig bleibt.

Schneiden Sie alle Enden von angesetzten Binsen eng ab und auch möglicherweise noch sichtbare alte Enden, wenn Sie einen Zopf fertig haben. Aus kurzen Zöpfen können Sie Tischmatten anfertigen. Für Fußbodenmatten brauchen Sie jedoch lange Zöpfe.

Runde Matten

Flechten Sie für eine kleine runde Matte mit einem Durchmesser von etwa 20 cm einen 12 mm dicken, etwa 4,6 m langen Zopf. Schneiden Sie die Enden nicht ab. Drücken Sie den Zopf flach, indem Sie ihn durch einen Wäschewringer drehen oder über Nacht mit Büchern beschweren.

Das Zusammennähen. Fädeln Sie die Schnur in eine dicke Nadel. Rollen Sie eine feste Spirale. Nähen Sie sie zusammen (Abb. 1).

Wenn Sie einen neuen Faden brauchen, so knoten Sie den alten und den neuen zusammen und ziehen Sie den Knoten durch den Zopf, bis der alte Faden zu Ende ist.

Schneiden Sie zum Schluß die untere Binse jedes Paares ab und flechten Sie die drei restlichen Binsen in den Zopf der vorhergehenden Reihe.

Ovale Matten

Für eine ovale Matte von 25 × 35 cm brauchen Sie einen Zopf von etwa 11 m. Beginnen Sie die Spirale, indem Sie das Zopfende doppelt legen und festnähen. Dieses Mittelstück soll die Differenz zwischen Breite und Länge betragen, in diesem Fall 10 cm. Nähen Sie den Zopf um diese längliche Spirale.

Spiralen

Man kann die Matten interessanter gestalten, wenn man mehrere Spiralen verarbeitet. Flechten Sie einen Zopf und markieren Sie die Mitte. Formen Sie aus einem Ende auf die Mitte zu eine Spirale, die Sie zusammennähen; verfahren Sie mit dem anderen Ende ebenso, so daß die beiden Spiralen sich gegenüber liegen (Abb. 2).

Für gewöhnlich hat man eine ungerade Anzahl von Spiralen, damit man mit dem Ende der letzten die Außenseite wickeln kann.

Das Neuflechten eines Stuhlsitzes

Binsenstühle sind das elementarste der Binsenarbeiten. Oft müssen alte Binsensitze erneuert werden. Es lohnt sich, sie selber zu reparieren. Sie brauchen dafür keine besondere Ausrüstung; außer Binsen benötigen Sie nur noch Schnur. Entfernen Sie von dem Stuhl alle alten Binsen und

1. Der Zopf wird zu einer Matte zusammengenäht
2. Eine doppelte Spirale wird als Schmuck benutzt

achten Sie darauf, daß der Stuhl, besonders wenn er alt ist, gut verleimt ist.

Ein quadratischer Stuhl oder Hocker. Binden Sie eine dicke und eine dünne Binse mit einer Schnur an der linken Ecke des Stuhlrahmens fest (Abb. 3). Achten Sie darauf, daß sie sehr fest gebunden sind. Nehmen Sie die beiden Binsen in die rechte Hand und drehen Sie sie nach rechts, während Sie sie gleichzeitig glattstreichen und ziehen, damit sie wie ein Faden aussehen. Legen Sie die gedrehten Binsen über den Rahmen (Abb. 3). Führen Sie dann die Binsen ungedreht unter dem Rahmen durch wieder nach oben. Drehen Sie jetzt die Binsen nach links, legen Sie

Ein Stuhl mit einem Binsensitz. Dieses Beispiel ist vorn breiter als hinten.

sie dann über das erste Stück gedrehte Binsen und über den linken Rahmen nach unten. Führen Sie sie ungedreht unter den linken Rahmen und hinüber zum rechten Rahmen. Drehen Sie den Stuhl jetzt so, daß Sie diesen Vorgang in der rechten vorderen Ecke wiederholen können. Bespannen Sie alle Ecken auf diese Art (Abb. 4). Die erste Drehung in jeder Ecke geht nach rechts, die zweite nach links. Vielleicht fällt es Ihnen leichter, sich vorzustellen, daß die Drehung immer von den Ecken weg geht. Versuchen Sie, mit der rechten Hand die rechten Drehungen zu machen und mit der linken die linken Drehungen. Halten Sie die diagonalen Linien des Musters genau 45° von jeder Ecke, und lassen Sie jedes gedrehte Paar parallel zum Seitenrahmen des Stuhles laufen.

Setzen Sie einen neuen Faden an, indem Sie das alte und das neue Ende mit einem Reffknoten zusammenbinden. Versuchen Sie alle Knoten in dem ungedrehten Abschnitt zwischen den Seitenrahmen zu halten, dort werden sie verdeckt. Erst ist das einfach, aber mit fortschreitender Arbeit wird das schwieriger. Haben Sie Geduld. Am Ende sieht man die Knoten unter dem Stuhl, machen Sie sie ordentlich und stecken Sie die Enden in die Arbeit.

Aufbauen. Wenn Sie etwa 12 Runden fertig haben, wird es Zeit, den Stuhl »aufzubauen«. Das geschieht, um die Binsenarbeit fest und ebenmäßig zu machen und es verhindert, daß der Rahmen die Binsen zerschneidet. Drehen Sie den Stuhl mit der Unterseite nach oben. Benutzen Sie alle Überbleibsel zum Polstern, alle abgeschnittenen Enden, schlechten Stücke, fleckigen Binsen usw. werden hier verbraucht. Schneiden Sie sie in kurze Stückchen und stopfen Sie sie in die acht Taschen (zwei an jeder Ecke), die das Muster der Arbeit bildet. Schieben Sie mit einem Messergriff oder ähnlichem fest nach.

Beflechten Sie den Sitz weiter, aber unterbrechen Sie den Vorgang immer wieder. Die Binsen sollen zwischendrin trocknen, sie können dann enger zusammengeschoben werden, wenn man wieder mit dem Flech-

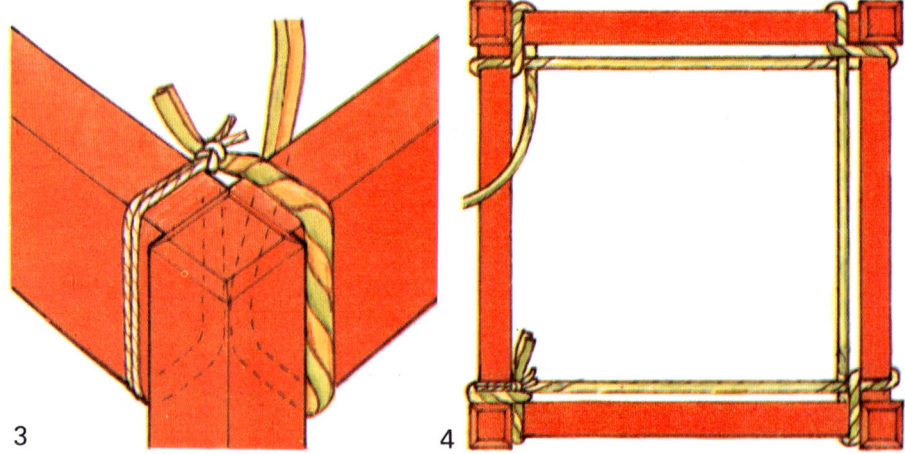

3. Der Anfang der Bespannung mit Binsen

4. Nacheinander wird an jeder Ecke des Sitzes gearbeitet

3   4

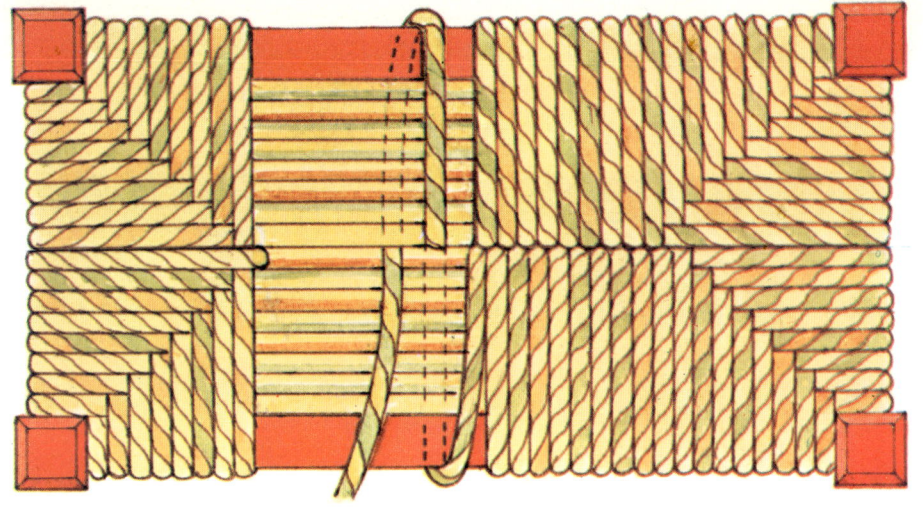

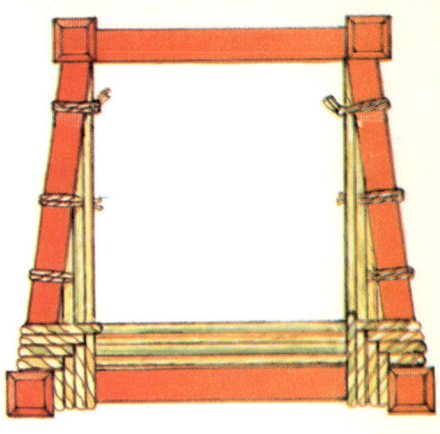

5

6

ten beginnt. Wenn Sie die ganze Arbeit auf einmal machen, dann wird der Sitz ziemlich lose werden. Polstern Sie etwa alle 12 Runden und schieben Sie die Binsen sehr fest zusammen. Wenn Sie die Mitte erreichen, dann binden Sie die letzte Binse unter dem Stuhl mit der gegenüberliegenden zusammen.

Längliche Stuhlsitze werden genau wie quadratische begonnen. Füllen Sie erst die kurze Seite aus und dann die langen Seiten (Abb. 5). Bei einem Stuhl, dessen Vorderseite breiter ist, beginnen Sie wie vorher (nur um die beiden vorderen Ecken herum) und binden dann die Enden fest an den rechten Rahmen. Machen Sie alles auf der linken Seite genauso, und flechten Sie dann nur um die beiden vorderen Ecken, bis das Stück, das noch beflochten werden muß genau quadratisch ist (Abb. 6). Polstern Sie die Ecken aus.

Übrigens: Die hier beschriebene Arbeit können Sie auch mit einer kräftigen Schnur bzw. einer Wäscheleine ausführen. Die Leine sollte etwa die gleiche Stärke wie die Binsen haben. Da Sie vermutlich mit diesem Material arbeiten werden (Binsen zu bekommen ist nicht leicht), haben Sie keine Möglichkeit, einen direkten Vergleich anzustellen. Sie können es auf Umwegen doch tun: Schauen Sie sich in Möbelgeschäften nach Stühlen mit binsengeflochtenen Stühlen um – dann wissen Sie, wie stark die Leine sein muß, die Sie für Ihren »Binsen-Stuhl« einkaufen. Leine bzw. Schnur hat den Vorzug, daß Sie (wenn Sie eine genügend lange Spule eingekauft haben) während der Arbeit nicht einen neuen Faden ansetzen müssen. Zugleich aber ist die Arbeit etwas unhandlicher, weil Sie eben immer mit dem dicken Knäuel arbeiten. Versäumen Sie natürlich auch hier nicht, Polstermaterial in die Bespannung einzuarbeiten, wie es im vorhergehenden Text genau beschrieben worden ist.

5. Ein länglicher Sitz wird bespannt
6. Mit Band werden Binsen um den Rand befestigt, damit eine quadratische Fläche entsteht

Stroh

Kornpuppen

Kornpuppen hat man seit über 5000 Jahren gemacht. Man hat verschiedene Formen von ihnen in der ganzen Welt gefunden; meistens sind es Fruchtbarkeitssymbole. Aus der letzten Garbe der Ernte wurde eine Kornpuppe hergestellt und ein großes Fest fand statt. Man glaubte, daß die Fruchtbarkeitsgöttin Ceres in den Kornpuppen lebt. Im Winter blieben diese Puppen im Hause, damit die Göttin geschützt war, aber im Frühling wurden sie auf die Felder gebracht, damit sie das neue Korn zum Keimen brächten. Kornpuppen wurden den ländlichen Göttern auch zum Opfer gebracht. In Mexiko hat man Kornpuppen gefunden, die die Form von Engeln hatten. In Deutschland und Skandinavien sind sehr dekorative Gegenstände aus Korn hergestellt worden. In Bulgarien hat man Mais verwendet.

Kornpuppen haben nicht immer die Gestalt einer »Puppe«. Es gibt eine große Anzahl von traditionellen, oft symbolischen Formen. Das Wort »Puppe« steht hier ein wenig fälschlich für Idol oder Götze.

In England wurden in den verschiedenen Landstrichen verschiedene traditionelle Typen von Kornpuppen angefertigt. Eine Laterne verbindet man z. B. mit Norfolk, es gibt aber auch eine Variation in Hereford. Eine Spirale weist auf Essex hin und Fächer kommen aus Wales. Dies sind nur einige Beispiele.

Die Flecht- und Webtechniken für Kornpuppen kann man für allerlei dekorative Gegenstände verwenden. Die Kornpuppen selber sind schon sehr hübsch, aber man kann auch Mobiles aus ihnen machen, oder Sterne für Weihnachten basteln. An all diesen Arbeiten haben Kinder und Erwachsene Spaß.

Am häufigsten wird für solche Arbeiten **Weizenstroh** verwendet. Das Stroh sollte innen hohl sein. Man kann auch Hafer-, Roggen- oder Maisstroh nehmen. Schneiden Sie den Weizen, wenn er beinahe reif ist, er hat dann eine gute Länge. Der Weizen wird gerade oberhalb des ersten Knotens und meistens unterhalb der Ähre geschnitten. Entfernen Sie aber nicht alle Ähren, da man sie auch verwendet. Lassen Sie die Halme mit den schönsten Ähren ganz und sammeln Sie möglichst gleichgroße. Düngemittel machen den Weizen spröde, versuchen Sie deshalb Weizen zu finden, der möglichst wenig gedüngt wurde. Das Schneiden des Weizens kann problematisch sein, da die modernen Erntemaschinen gleich

Alle möglichen Gegenstände werden aus Stroh gearbeitet. Dies ist eine Strohsense.

dreschen und häckseln. Am besten ist es, den Weizen von Hand zu schneiden, das ist aber ermüdend wenn Sie größere Mengen brauchen. Ein Garbenbinder liefert brauchbares Weizenstroh, da er sauber schneidet und die Garben bindet, ohne die Ähren oder das Stroh zu beschädigen.

Trocknen Sie das Stroh entweder auf Gestellen in der Sonne, hängen Sie es bündelweise an einem trockenen Platz auf oder legen Sie es bei offener Tür in einen schwach erwärmten Backofen. Wenn das Stroh trokken ist, kann man es jahrelang lagern. Sortieren Sie das Stroh in kleine, mittlere und große Halme. Vergleichen Sie die Stärke an der Schnittfläche und auch die Länge der Halme, ordnen Sie sie entsprechend. Das

Kornpuppen werden oft mit Bändern geschmückt, deren Farben verschiedene symbolische Bedeutungen haben. Dieser walisische Fächer hat rote Schleifen, die Wärme symbolisieren.

Stroh muß trocken gelagert werden, damit es nicht schimmelt. Halten Sie Mäuse, Ratten und kornfressende Vögel fern, sie können in kurzer Zeit großen Schaden anrichten.

Das Anfeuchten. Trockenes Stroh bricht, wenn es geflochten wird. Um das zu verhindern, muß man es einweichen. Je nachdem, wie trocken das Stroh ist, braucht es eine unterschiedlich lange Einweichzeit. Testen Sie das Stroh; wenn es nicht mehr bricht, können Sie mit der Arbeit beginnen. Weichen Sie es nicht zu lange ein, es wird dann zu weich. Warmes Wasser beschleunigt das Anfeuchten. Die Ähren dürfen nicht naß werden. Wickeln Sie während der Arbeit ein feuchtes Handtuch um das Stroh, damit es nicht vorzeitig wieder trocknet. Nach Abschluß der Arbeit sollte es aber möglichst rasch trocknen.

Papierstroharbeiten

Es ist nicht zu allen Jahreszeiten einfach, Stroh zu bekommen, wenn Sie es aber lagern können, dann haben Sie immer ausreichend, um beschäftigt zu sein. Wenn Sie kein Stroh finden können, aber die Techniken der Kornpuppenherstellung üben wollen, können Sie auch Papierstroh (der Firma EFCO) verwenden. Man kann es in Bastelgeschäften kaufen. Papierstroh hat auch den Vorteil, daß man es zusammenkleben, nähen, anmalen oder färben kann. Dadurch kann man vielerlei Arten farbiger Dekorationen herstellen.

Man kann auch Trinkstrohhalme verwenden, da sie aber gewachst sind, kann man sie nicht färben oder kleben. Papierstrohhalme bekommt man in zwei Stärken. Die Standardstärke entspricht den Trinkstrohhalmen; die andere Stärke ist etwas größer. Beide sind für diese Arbeiten geeignet. Man kann für Papierstroh verschiedene Farben verwenden.

Pulver- oder Plakatfarben werden am besten erst auf die fertigen Gegenstände aufgetragen, da man sie bei der Arbeit wieder abreiben würde.

Aerosolfarben sind zwar teurer, sie ergeben aber einen guten Farbüberzug und machen den fertigen Gegenstand fester. Sie trocknen schnell.

In klarem Wasser lösliche Farben färben auf sparsame Weise sowohl den fertigen Gegenstand als auch einzelne Halme. Tauchen Sie aber beides kurz ein, damit das Papier nicht aufweicht, und trocknen Sie es auf einer Zeitung. Gehen Sie mit nassen Gegenständen vorsichtig um, damit sie nicht ihre Form verlieren. Verwenden Sie die Farben nach Gebrauchsanweisung, nehmen Sie aber nur die Hälfte der angegebenen Wassermenge. Probieren Sie mit einem Halm, ob Sie die richtige Farbe haben, bevor Sie färben.

Man kann auch **Holzbeize** nehmen. Die Farben sind nicht nur auf Holztöne beschränkt. Die Farbpulver können mit Wasser angerührt werden. Machen Sie wieder eine Probefärbung.

Tinten haben leuchtende, haltbare Farben. Man kann mit ihnen die Halme schon vor der Arbeit färben. Tinte färbt nicht ab, man kann Kinder deshalb mit tintegefärbten Gegenständen spielen lassen.

Ansetzen

Weizen- und Papierstroh werden auf dieselbe Art geflochten und gewoben, aber das Ansetzen wird unterschiedlich gehandhabt. Weizenstroh

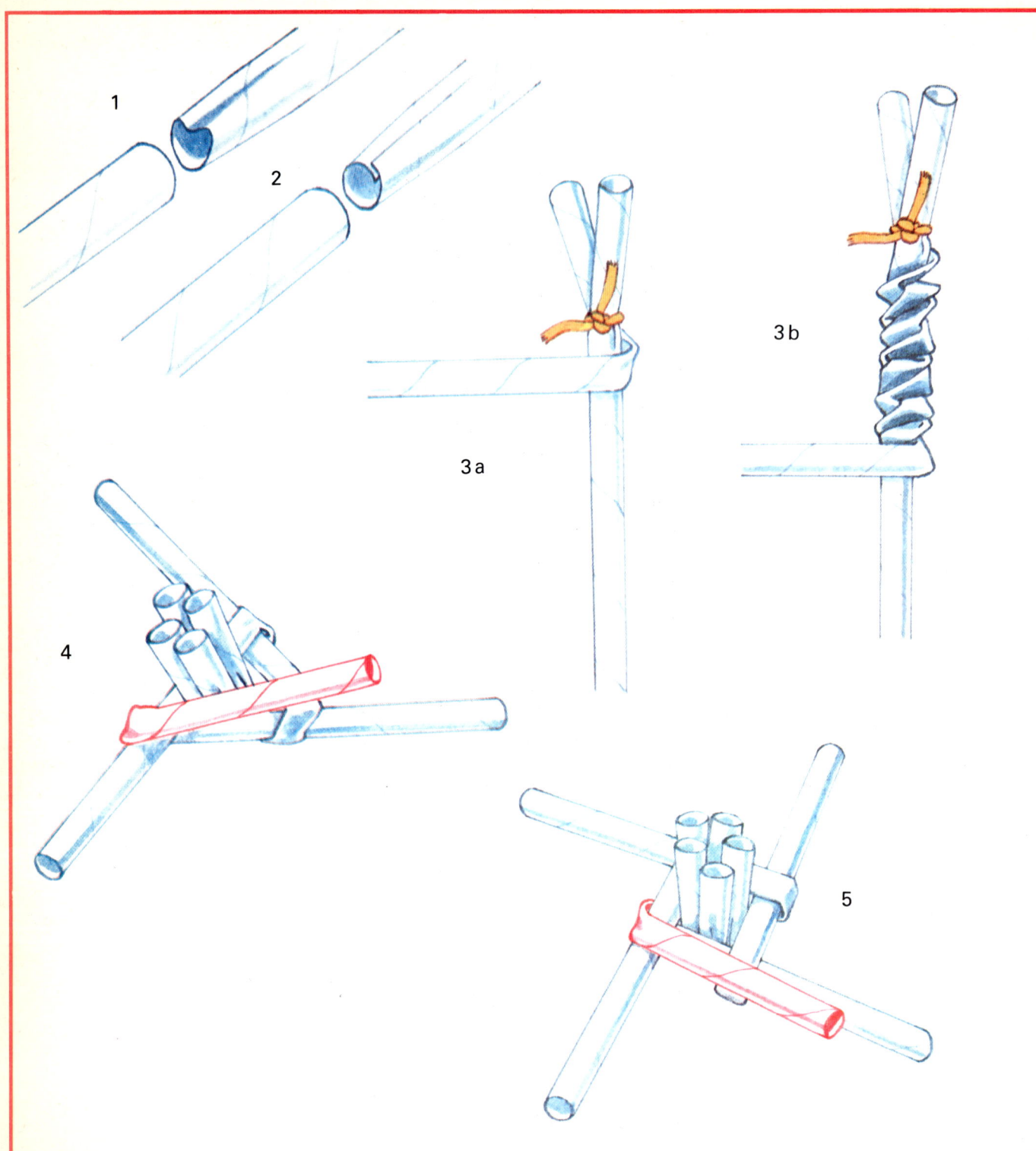

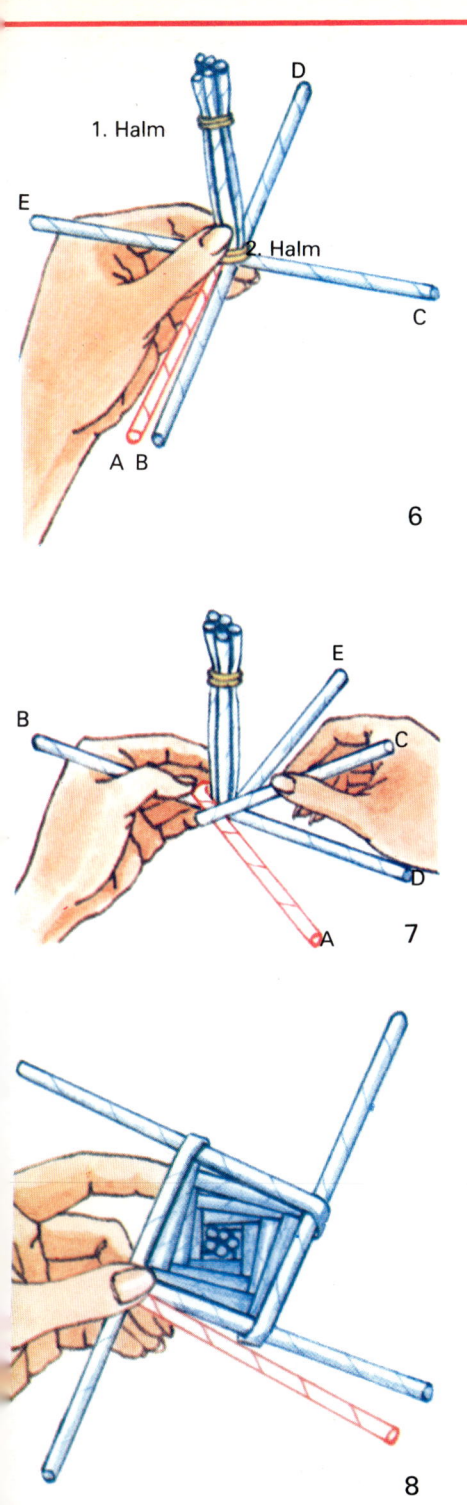

verjüngt sich, und so kann man das dünnere Ende in das dickere Ende eines neuen Halms schieben. Papierstroh hat aber überall denselben Durchmesser und kann deshalb nicht so angesetzt werden.

Um Papierstroh anzusetzen, können Sie mit dem Fingernagel eine Längskerbe von etwa 5 mm in ein Halmende schlitzen. An der Schnittfläche entsteht dadurch eine Herzform. Schieben Sie dieses Ende soweit es geht in den anderen Halm (Abb. 1). So entsteht eine feste Verbindung. Sie können auch einen Schnitt von etwa 2 cm machen, die Ecken übereinanderdrücken und dieses Ende in einen anderen Halm schieben (Abb. 2). Weizenstrohhalme mit demselben Durchmesser werden auch so miteinander verbunden. Versuchen Sie, den Ansatz an einer Stelle zu machen, an der der Halm nicht gefaltet wird, da es schwierig ist, einen doppelten Halm zu knicken. Dicke Knicke machen das Geflecht unregelmäßig und sehen häßlich aus.

Das Flechten

Sie können mit jeder Zahl Halme von vier aufwärts flechten. Mit zwei oder drei Halmen kann man nur Zöpfe flechten, die früher im Knopfloch getragen wurden. Zöpfe entstehen, indem man einfach Halme derselben Stärke zusammendreht. Die Anweisungen folgen.

Für einen Zopf aus zwei Halmen binden Sie zwei Halme fest an der Spitze zusammen, halten sie am Knoten in der linken Hand und legen den ersten Halm so über den zweiten, daß beide einen rechten Winkel bilden. Machen Sie eine Vierteldrehung in Uhrzeigerrichtung, und legen Sie den zweiten Halm über den ersten (Abb. 3). Fahren Sie fort, bis Sie die gewünschte Länge erreicht haben.

Das Flechten mit mehr als zwei Halmen. Die Form der geflochtenen Gegenstände hängt weitgehend von der Anzahl der Halme ab. Vier Halme bilden z. B. ein Dreieck im Querschnitt (Abb. 4), fünf Halme bilden ein Quadrat (Abb. 5). Je mehr Halme Sie nehmen, umso runder wird die Form und umso fester der Gegenstand. Das Flechten mit fünf Halmen ist sowohl für Kornpuppen als auch für Papierstroharbeiten die Grundflechtart. Wenn Sie erst einmal damit zurechtkommen, dann können Sie auch mit jeder anderen Anzahl von Halmen bis zu zehn oder zwölf flechten. Es ist am einfachsten um einen mittleren Kern herum zu flechten, der dem wachsenden Geflecht eine Form gibt. Später können Sie frei, ohne einen solchen Kern, arbeiten.

1. und 2. Zwei Arten, Papierstroh anzusetzen
3a, 3b Ein Zopf aus zwei Strohhalmen
4. Vier Halme bilden ein Dreieck
5. Fünf Halme bilden ein Viereck
6. Der Anfang eines Geflechts mit fünf Halmen
7. Das Arbeiten um einen Kern
8. Der erste Schritt, um den Umfang zu vergrößern

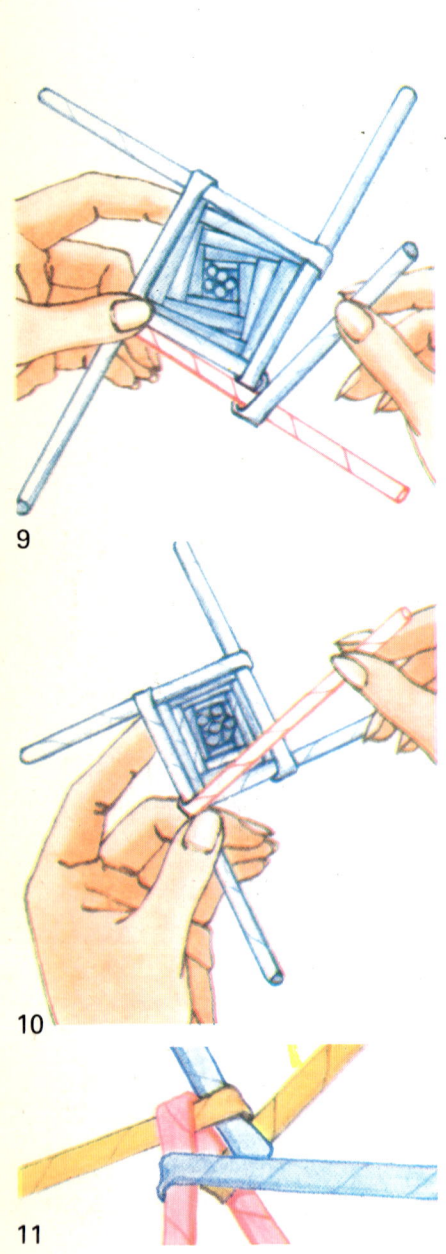

Das Flechten mit fünf Halmen. Binden Sie fünf Halme etwa 2,5 cm vor dem Ende und noch einmal in der Mitte fest zusammen. Das Stück zwischen den beiden Bindestellen ist der mittlere Kern. (Wenn Sie frei arbeiten, brauchen Sie die zweite Bindestelle nicht zu machen.) Halten Sie die Halme in Ihrer linken Hand, die zusammengebundenen Enden nach oben. Fächern Sie die Halme unter der zweiten Bindestelle so auf, daß sie ein Quadrat bilden. Drei Ecken haben je einen Halm und die vierte, Ihnen am nächsten liegende, hat zwei Halme (Abb. 6). Legen Sie den Halm, der Ihnen am nächsten ist, nahe dem mittleren Kern gegen die Uhrzeigerrichtung über die nächsten beiden Halme. Das ist der erste Schritt. Drehen Sie die ganze Arbeit in Uhrzeigerrichtung, so daß der letzte Strohhalm (C) über den Sie eben geflochten haben, jetzt der Ihnen nächste ist. Halten Sie die Arbeit locker, versuchen Sie, die Halme nicht plattzudrücken. Nehmen Sie Halm C hoch, und legen Sie ihn über Halm A und D (Abb. 7), wieder eng am Kern.

Arbeiten Sie so weiter. Nehmen Sie den letzten Strohhalm, über den Sie geflochten haben, und legen Sie ihn gegen Uhrzeigerrichtung über die nächsten beiden Halme, so daß eine Spirale entsteht. Drehen Sie die Arbeit immer in Uhrzeigerrichtung zu sich hin, wenn Sie einen Halm weiterflechten. Die Arbeit sieht ordentlich aus, wenn Sie die Halme regelmäßig falten und an den Faltstellen Neuansätze vermeiden.

Das Formen geschieht dadurch, daß Sie den Halmen eine bestimmte Lage geben. Um eine gerade Form zu erzielen, muß jeder Halm genau auf den Halmen darunter liegen.

Um den Umfang zu vergrößern müssen Sie den Halm wie gewöhnlich über die nächsten beiden Halme führen, ihn aber etwas neben die Halme darunter legen (Abb. 8). Flechten Sie dann so weiter, wie Abbildung 9 zeigt.

Um den Umfang zu verkleinern müssen Sie die Halme etwas innerhalb der darunter liegenden Halme anordnen (Abb. 10). Wenn Sie allerdings um einen Kern herumarbeiten, dann können Sie natürlich den Umfang nicht verringern, höchstens, wenn Sie ihn vorher vergrößert haben. Sonst geht das Verringern nur beim freien Flechten. Seien Sie beim Formen nicht zu hastig, sonst verderben Sie sich die ganze Arbeit. Schaffen Sie die Form nach und nach.

Stecken Sie am **Ende** die Halme in das Geflecht. Klebstoff wird bei Papierstroh nur verwendet, wenn man ein Bild oder eine Collage macht oder mehrere Flechtarbeiten zu einem Gegenstand vereinigen will. Gebrauchen Sie einen schnelltrocknenden klaren Klebstoff, damit Sie die Halme halten können, solange sie trocknen. Sie können die Halme auch mit Fäden verbinden, besonders, wenn Sie Mobiles machen.

Papierstrohmäuse

Diese reizenden kleinen Mäuse sind frei, ohne Kern, geflochten. Die größte Maus ist ohne Schwanz etwa 10 cm lang. Beginnen Sie einen fla-

9. *Der zweite Schritt, um den Umfang zu vergrößern*
10. *Das Verkleinern des Umfangs*
11. *Das Geflecht mit sechs Halmen*

chen Boden mit sechs Halmen ohne Kern, indem Sie drei Halme nehmen und sternförmig einen auf den anderen legen (Abb. 11). Legen Sie jeden Halm über die nächsten zwei Halme. Vergrößern Sie bald den Umfang, um den dicken Teil der Maus zu formen. Nehmen Sie dann nach und nach wieder ab, binden Sie zum Schluß die sechs Halme mit einem weißen Faden zusammen und schneiden Sie aus den Enden eine spitze Nase zurecht. Stecken Sie für den Schwanz einen flachgedrückten Halm durch den Anfang des Geflechts. Machen Sie aus den zwei Hälften einen Zopf. Kleben Sie die beiden Enden zusammen und schneiden Sie sie spitz zu. Zwei flache Halmstückchen werden als Ohren angeklebt, ein an beiden Seiten ausgefranstes Ende ergibt den Schnurrbart.

Diese reizenden Mäuse sind in der Technik der Kornpuppen aus Papierstroh gearbeitet.

Traditionelle Kornpuppen

In den vorherigen Kapiteln haben Sie gelernt, wie man Weizenstroh schneidet, trocknet, lagert und anfeuchtet und wie man mit Papierstroh flicht. Wenn Sie diese Techniken beherrschen, dann können Sie damit beginnen die traditionellen goldenen Kornpuppen zu machen, die so hübsch aussehen, wenn sie in einer Küche hängen, mit denen man aber auch auf ungewöhnliche Weise einen Tisch schmücken kann. Man kann auch die alte Sitte wiederbeleben und eine Babyrassel aus Stroh machen, in die man eine kleine Glocke oder einige Bohnen steckt, die dann interessante Geräusche erzeugen.

Das Material für Kornpuppen ist hohles Stroh, wie Weizen-, Hafer-, Roggen- oder Maisstroh, Bast, eine scharfe Schere, Draht und Band. Die Bänder, mit denen die traditionellen Kornpuppen geschmückt werden, haben unterschiedliche Bedeutungen. Rot bedeutet Mohnblume und Wärme; Grün Frühling und Fruchtbarkeit; Blau Kornblume und Treue; Gelb Korn und die Göttin Ceres; Weiß Reinheit und Braun die Erde.

Ein Gesteck aus fünf Halmen

Solche Gestecke, die man sich an die Kleidung heften konnte, wurden von Bauernburschen für ihre Liebste gemacht. Auch heute sind es noch hübsche Geschenke. Nehmen Sie fünf Halme, die noch Ähren haben, und binden Sie sie unterhalb der Ähren mit Bast fest zusammen. Machen Sie dann ohne Kern ein Geflecht mit fünf Halmen. Flechten Sie die ganze Länge ohne zuzunehmen. Lassen Sie ein kurzes Ende ungeflochten. Binden Sie die Halme unterhalb des Geflechts zusammen. Machen Sie eine Schlinge aus dem Zopf, die Sie unter den Ähren zusammenbinden. Schneiden Sie überstehende Halmenden ab und schmücken Sie die Arbeit mit einer leuchtenden Schleife.

Ein Hufeisen

Das »Hufeisen« ist auch ein Geflecht mit fünf Halmen. Sie brauchen einen Kern, um den Sie herumarbeiten und 25 bis 30 Halme. Nehmen Sie für den Kern etwa sechs 15 cm lange Halme, die Sie mit Draht zusammenbinden.

Binden Sie fünf Halme so an das Ende des Kerns, daß sie einen fünf-

Ein Hufeisen und ein Gesteck aus
fünf Halmen
1. Um den Kern herum arbeiten
2. Das Stroh wird zum Abschluß
darunter gesteckt

eckigen Stern bilden (Abb. 1). Flechten Sie um den aufwärts zeigenden Kern herum.

Schließen Sie das Ende und befestigen Sie die Arbeit, indem Sie einen Halm unter den gegenüberliegenden stecken (Abb. 2). Schneiden Sie die Enden nahe am Zopf ab und biegen Sie das Ganze in Hufeisenform. Schmücken Sie das Hufeisen mit einer Haferähre (als Huldigung für das Pferd) und einem Band. Wenn Sie viel Übung im Flechten mit fünf Halmen haben, dann können Sie den Kern in Hufeisenform biegen und um ihn herum flechten.

Eine Laterne

Nehmen Sie fünf Halme mit Ähren und etwa 30 ohne Ähren. Schneiden Sie die Enden schräg, das erleichtert das Ansetzen. Binden Sie die fünf Halme unterhalb der Ähren mit Bast zusammen. Flechten und vergrößern Sie den Umfang mit jeder Runde. Setzen Sie, wenn nötig, neue Halme an.

Wenn der Boden der Laterne den gewünschten Umfang hat, dann müssen Sie langsam abnehmen, bis sich die Arbeit oben schließt. Der Spiraleffekt entsteht, wenn Sie abnehmen. Wenn die Arbeit geschlossen ist, müssen Sie fünf lange Halme angesetzt haben. Flechten Sie weiter und bilden Sie zum Schluß eine Schlinge. Sie können auch noch vier Miniaturlaternen machen und an jede Ecke eine hängen. Mit solchen Laternen können Sie selbst ihren Weihnachtsbaum schmücken.

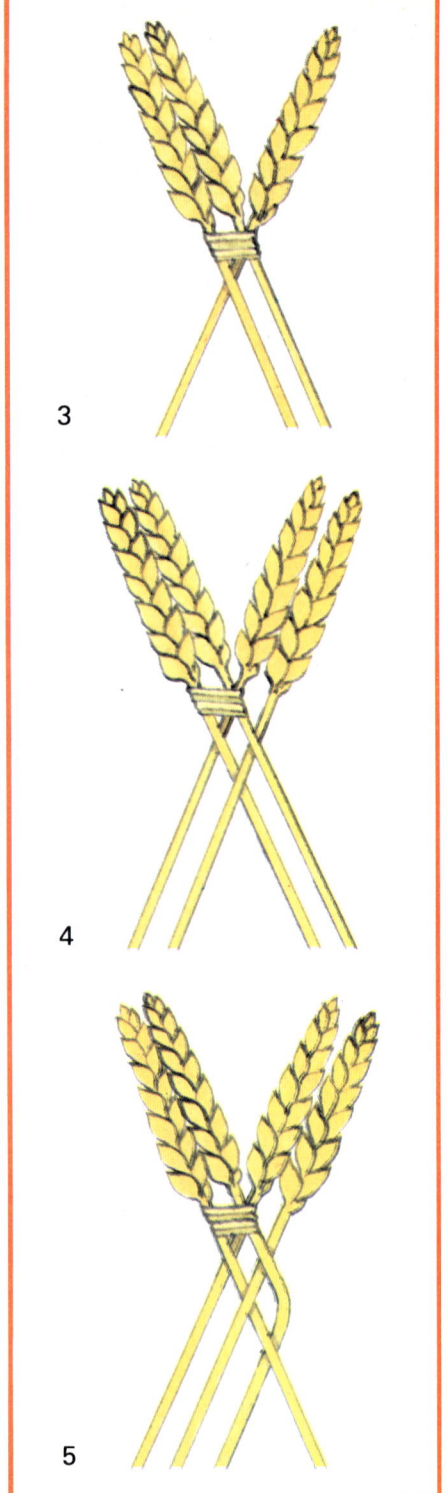

3

4

5

Ein kurzer walisischer Fächer

Wählen Sie sorgfältig 29 lange Halme mit etwa gleichen Ähren in Größe und Farbe. Binden Sie drei unterhalb der Ähren fest zusammen. Legen Sie sie, die Ähren von sich weg, flach auf einen Tisch (Abb. 3).

Weizenähren haben eine rauhe und eine glatte Seite. Achten Sie darauf, daß die glatten Seiten alle nach oben liegen. Stecken Sie einen Halm, auch mit der glatten Seite nach oben, unter den äußeren Halm des Paars, so daß er parallel zu dem einzelnen Halm liegt (Abb. 4). Heben Sie den inneren der beiden rechten Halme hoch und befestigen Sie ihn an seinem Platz, indem Sie den äußeren Halm unter ihn knicken und nach links führen. Legen Sie dann den inneren Halm wieder zurück (Abb. 5). Jetzt haben Sie einen Halm rechts und drei links. Stecken Sie einen weiteren Halm unter den linken äußeren Halm (Abb. 6). Wiederholen Sie den Vorgang, damit der Halm auch gut befestigt ist (Abb. 7). Stecken Sie auf beiden Seiten weitere Halme zu, bis Sie zusammen 13 Stück haben. Da jetzt die Ähren beginnen sehr eng zu stehen, machen Sie nach jedem neuen Halmpaar auf jeder Seite einmal zusätzlich den Befestigungsvorgang. Wenn alle Halme eingeflochten sind, machen Sie abwechselnd auf jeder Seite fünfmal den Befestigungsvorgang. Binden Sie die Halme an den Enden mit Bast zusammen, schneiden Sie zu lange Enden ab. Legen Sie die Arbeit zum Trocknen flach hin. Binden Sie zum Schmuck um jedes Bündel Bänder.

Gegenüber: Zwei traditionelle Kornpuppenlaternen

3. Für den walisischen Fächer werden zuerst drei Halme zusammengebunden
4. Ein vierter Halm wird parallel zum einzelnen Halm gesteckt
5. Der rechte Halm wird unter den nächsten Halm nach links gebogen
6. Ein Halm wird parallel neben den einzelnen gesteckt
7. Der Befestigungsvorgang wird links wiederholt

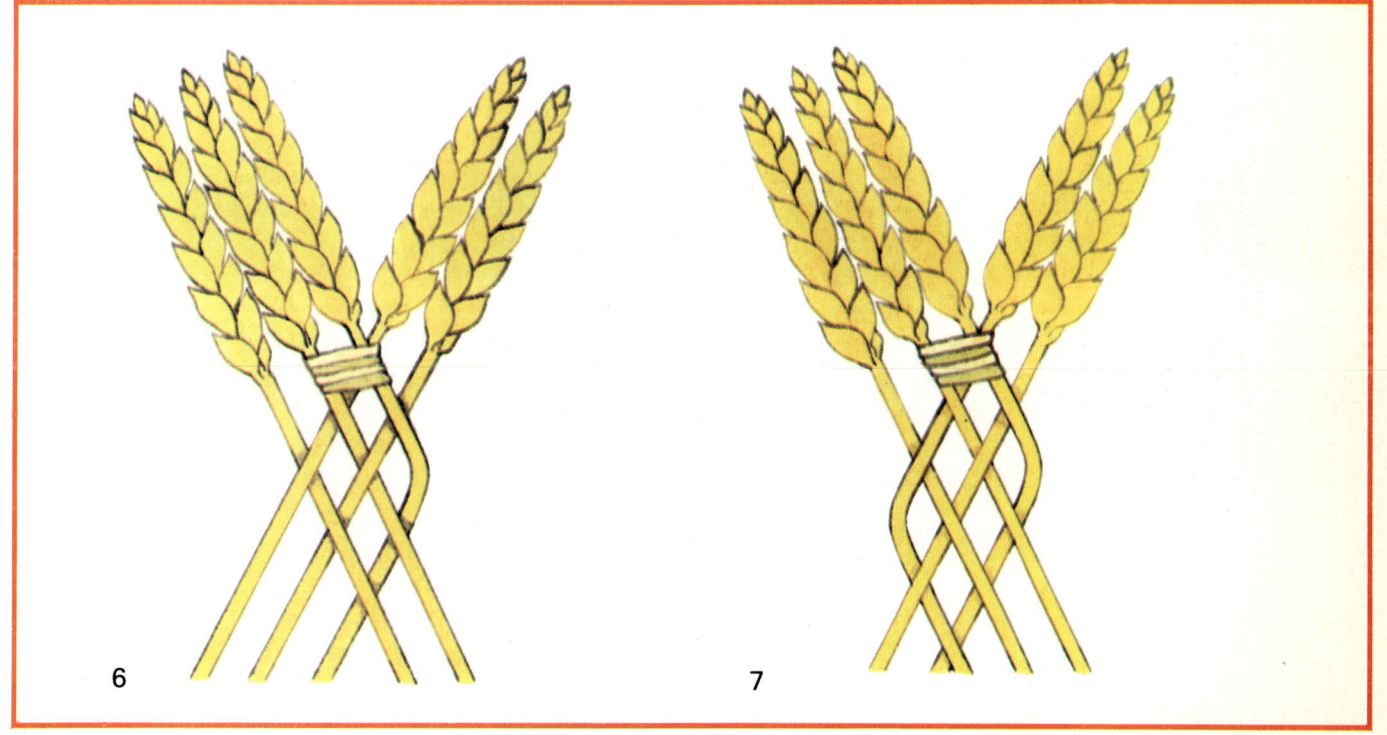

6   7

Puppen aus Maisblättern

Puppen aus Maisblätter herzustellen ist eine Kunstfertigkeit der amerikanischen Siedler, die damit ihre Häuser schmückten oder sie ihren Kindern als Spielzeug gaben.

Vorbereitung und Auswahl

Man muß den Mais sehr sorgfältig aussuchen. Wählen Sie Kolben mit viel Seide. Kaufen Sie den Mais ungeöffnet und zerren Sie auch nicht an den Blättern, um nach der Reife der Körner zu schauen. Lösen Sie die Blätter sehr vorsichtig, indem Sie den Kolben oben und unten mit einem Messer umritzen und dann langsam die Blätter abziehen. Heben Sie die Seidenstränge auf, Sie können sie später als Puppenhaar verwenden. Sie brauchen etwa fünf Stunden, um eine Puppe anzufertigen, die Puppe muß dann zwei Wochen trocknen. Sie müssen immer mit nassen Blättern arbeiten, die Sie auf einem Handtuch abtropfen lassen können. Wenn Sie eine Puppe nicht in einem Arbeitsgang fertigmachen können, dann feuchten Sie die ganze Puppe später wieder an und arbeiten an ihr weiter. Die Maisblattpuppen werden ausschließlich durch Rollen und Knoten hergestellt.

Wie beim Nähen brauchen Sie für Ärmel und Röcke große Stücke. Wenn Sie die Maisblätter unvorsichtig entfernen, dann haben Sie für die Arbeit nur Streifen. Der Schnitt an der Spitze des Kolbens muß so hoch sein, daß Sie die Blätter in ganzer Länge bekommen.

Trocknen und Lagern

Wenn alle Blätter gelöst sind, legen Sie sie einzeln in die Sonne. Trocknen Sie sie nie im Backofen, da selbst die schwächste Hitze die Blätter so schnell trocknet, daß sie brüchig werden. Im heißen Sommer brauchen sie nur ein paar Tage zum Trocknen, im Herbst kann es etwa eine Woche dauern. Die Blätter müssen völlig trocken sein, ehe Sie sie in eine Plastiktüte für den späteren Gebrauch tun, sonst modern sie. Bewahren Sie die Tüten an einem trockenen Platz auf. Wenn Sie zu verschiedenen Zeiten Maisblätter sammeln, dann sehen Sie, daß früher Mais blonde Seide hat. Später ist sie dann passend für rothaarige Puppen und aus ganz spätem Mais kann man wunderschöne Brünette machen. Für eine bauschige Frisur brauchen Sie ungefähr die Seide von fünf Kolben. Lassen Sie die Seide drei bis fünf Tage gründlich in der Sonne trocknen.

Maisblattpuppen

Wir geben die Arbeitsanweisung für eine männliche und eine weibliche Puppe, die beide 18 cm groß sind. Es sind die gleichen Puppen bis zu dem Augenblick, in dem die Frau einen Rock bekommt und der Mann Beine und eine Jacke.

Weichen Sie 20 möglichst weiße Blätter in einer Plastikschüssel ein und arbeiten Sie dann auf einem Handtuch. Schneiden Sie zwei 9 cm lange Stücke Blumendraht für die beiden Puppenkörper. Für die Arme der beiden brauchen Sie ein je 15 cm langes Stück Blumendraht. Für die Beine

Diese entzückenden Maisblattpuppen sind ein gutes Beispiel für das amerikanische Kunsthandwerk.

1. *Der Körper wird gemacht*
2. *Die Arme werden zusammengefügt*

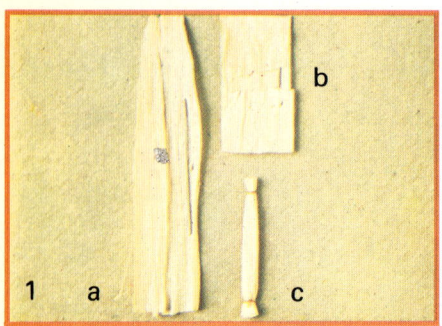

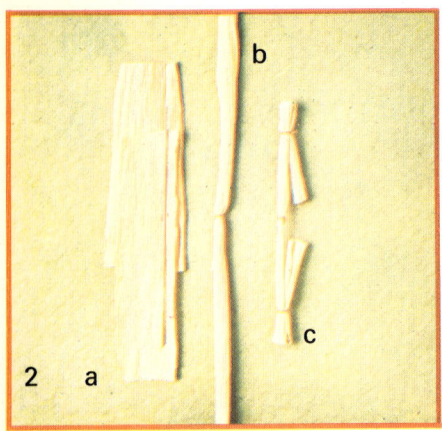

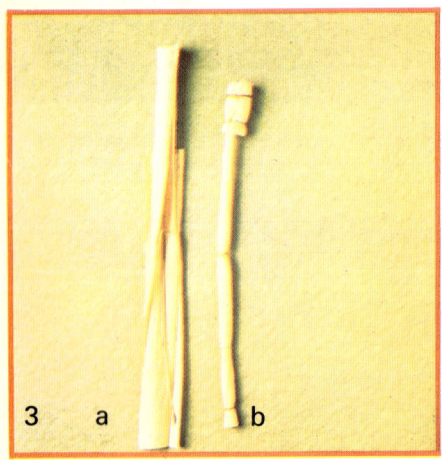

3. Die Beine des Mannes werden hergestellt

des Mannes brauchen Sie ein 28 cm langes Stück Blumendraht. Da die Frau einen Rock bekommt, braucht sie auch keine Beine. Schneiden Sie etwa 20 Fadenenden von 63 cm Länge. Nehmen Sie zwei eingeweichte Maisblätter aus der Schüssel und tupfen Sie sie vorsichtig auf dem Handtuch ab.

Der Körper. Legen Sie einen der 9 cm langen Drähte der Länge nach an den Rand eines Blattes (Abb. 1 a). Falten Sie das obere und untere Blattende über die Drahtenden (Abb. 1 b). Machen Sie dann aus Blatt und Draht eine Rolle. Binden Sie die Rolle oben und unten mit einem doppelt genommenen Faden zusammen (Abb. 1 c). Legen Sie dafür den doppelten Faden 5 mm vom Ende der Rolle auf diese, wickeln Sie ihn zweimal herum und binden Sie ihn mit einem doppelten Knoten. (Dieser Knoten wird immer gemacht.) Schneiden Sie die Fadenenden ab.

Die Arme. Nehmen Sie für jede Puppe ein 15 cm langes Stück Draht. Wählen Sie vier etwa gleich lange, breite und farbige Blätter, dann werden die Puppenhände gleich. Legen Sie zwei Blätter so übereinander, daß sie eine Länge von etwa 20 cm ergeben. Legen Sie den Draht, wie beim Körper, an den Rand, falten Sie die Blattenden aber nicht um (Abb. 2 c). Formen Sie eine Rolle, die Sie in der Mitte fest zusammenbinden (Abb. 2 b).

Suchen Sie das eine Drahtende in der Rolle und legen Sie ihren Daumen drauf. Legen Sie vorsichtig das Blattende über den Draht, und binden Sie es 2 cm vom Ende fest, um eine kleine Schlinge für die Hand zu machen. Wiederholen Sie das auf der anderen Seite des Drahts. Schneiden Sie das Blatt jenseits des Handgelenks nicht ab, da es dabei hilft, den Ärmel zu füllen (Abb. 2 c). Machen Sie auch das Armpaar für die zweite Puppe so. Öffnen Sie mit einem Stäbchen die Handschlingen, ohne das Blatt zu zerreißen.

Die Beine des Mannes. Diese werden aus dem 28 cm langen Draht gearbeitet. Arbeiten Sie wie beim Körper (Abb. 1), da Sie keine Schlingen brauchen. Rollen Sie die Beine aus drei sich überlappenden Blättern, die die Länge von 32 cm ergeben (Abb. 3 a). Binden Sie jedes Ende 2,5 cm vom Ende fest. Markieren Sie die Mitte mit einem Faden, damit die Beine gleich lang werden.

Die Schuhe. Gebrauchen Sie für jeden Schuh zwei übereinandergelegte Blätter. Knicken Sie beide Enden zur Mitte hin so um, daß Sie ein Stück von 8 cm bekommen. Rollen Sie 4 cm der beiden Stücke auf die Beine. Binden Sie die Füße an den Fußknöcheln und Zehen fest zusammen (Abb. 3 b). Wiederholen Sie alles für den zweiten Schuh.

Der Kopf sollte so rund wie möglich sein. Legen Sie einen doppelten Faden bereit. Nehmen Sie zwei Blätter und legen Sie sie aufeinander. (Wenn Sie nur ein Blatt nehmen, dann wird es splittern.) Nehmen Sie zwei weitere Blätter für die Füllung. Nehmen Sie eins der 9 cm langen gerollten Körperstücke, wickeln Sie die beiden Füllblätter um das obere Viertel, so daß eine Kugel entsteht (Abb. 4 a).

Legen Sie die doppelten Blätter auf die Vorderseite des Körpers. Halten Sie sie mit dem Daumen fest. Drehen Sie diese Deckblätter oben auf dem »Kopf« einmal ganz herum (Abb. 4 b) und legen Sie sie am Hinterkopf nach unten, so daß eine Rundung entsteht. Binden Sie einen doppelten Faden unterhalb der Kugel zweimal um den Hals und verknoten Sie ihn hinten (Abb. 4 c). Achten Sie darauf, daß die Vorderseite des Kopfes so glatt wie möglich ist. Schneiden Sie die Blätter unterhalb des Halses nicht ab, da sie die Brust mit ausstopfen.

Das Zusammensetzen und Anziehen. Weichen Sie 60 weitere Blätter ein und schneiden Sie mehr Faden zurecht. Machen Sie zuerst die Ärmel, und befestigen Sie sie an den Armen, bevor Sie diese an der Puppe anbringen. Ein Paar Arme ist für die eleganten Ärmel der Frau, das andere für den Mann.

Die Ärmel der Frau. Nehmen Sie für jeden Ärmel acht Blätter, die sich überlappend, die Weite der Ärmel bilden. Nehmen Sie die größte Weite ans Handgelenk und falten Sie die Enden der Blätter 2,5 cm nach innen, so daß sie sich in der Mitte des Arms treffen. Schneiden Sie den Rand am Handgelenk in Zacken (Abb. 5 a). Rollen Sie alle vier Blätter um den Arm und binden Sie sie am Handgelenk und in der Armmitte fest (Abb. 5 b).

Die Ärmel des Mannes. Nehmen Sie für diese Ärmel acht Blätter, und arbeiten Sie sie wie die Frauenärmel, falten Sie sie jedoch etwa in der Mitte der Hände einfach nach innen (Abb. 5 c).

Die Hosen. Nehmen Sie für jedes Hosenbein vier sich überlappende Blätter. Messen Sie sie von etwa der Mitte der Beine bis zu den Schuhen. Schlagen Sie beide Enden ein. Bedecken Sie das Oberteil des Schuhes nicht, da der Fuß später gebogen wird (Abb. 6). Binden Sie sie in der Mitte fest und unten lose zusammen.

Der Oberkörper der Frau. Legen Sie die Arme horizontal über den Oberkörper. Lassen Sie etwas Platz für den Hals. Schneiden Sie ein 15 cm langes Stück Draht und wickeln Sie es schräg von der Taille zur Schulter und zurück zur Taille, so werden die Arme befestigt (Abb. 7 a). Falten Sie ein Blatt in ein 2,5 cm großes Quadrat und legen Sie es über das Drahtkreuz auf die Brust.

Nehmen Sie vier zusammengefaltete Blätter und legen Sie sie schräg über das Quadrat, um es festzuhalten. Binden Sie sie an der Taille fest. (Schieben Sie bei beiden Puppen, wenn Sie die Blätter über die Schultern legen, diese fest gegen den Hals, damit sie nicht bauschig aufstehen.) Schneiden Sie mit einer Zickzackschere von einem Blatt Streifen und legen Sie sie schräg über die Brust; sie geben der Bluse den letzten Pfiff. Wickeln Sie einen Faden zweimal um die Taille und verknoten Sie ihn. Achten Sie darauf, daß Sie die untere Fadenbefestigung des Körpers noch sehen.

Der Körper des Mannes. Machen Sie ihn wie den der Frau, aber lassen

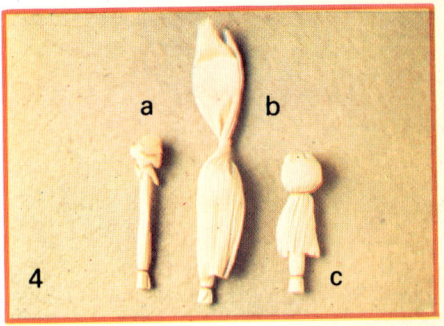

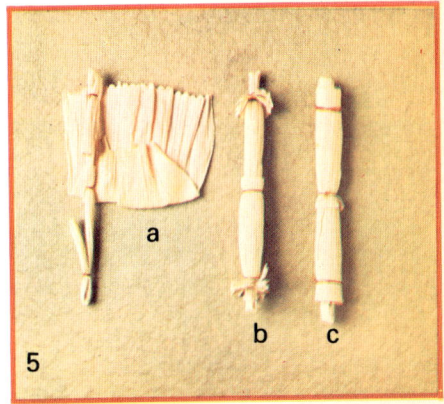

4. Der Kopf wird geformt
5. Ärmel für die Arme
6. Vier Blätter bilden ein Hosenbein

Sie das gefaltete Quadrat auf der Brust fort, verwenden Sie für sie nur vier Blätter (Abb. 7 b).

Der Rock der Frau. Legen Sie entweder sich überlappende Blätter um mehrere Bündel zusammengerollter Blätter, um einen weiten Rock zu machen, oder seien Sie sparsamer und wickeln Sie um den Körper Seidenpapier. Verkleiden Sie dann das Seidenpapier mit zehn sich überlappenden Blättern. Binden Sie sie an der Taille fest und schlagen Sie den Rand unten um, so daß es einen ordentlichen Saum gibt. Stopfen Sie noch mehr Seidenpapier unter den Rock, bevor er trocken ist. Binden Sie drei Blätter zusammen und befestigen Sie sie als Schmuck unten um den Rock herum.

Die Beine des Mannes. Wenn Sie die untere Fadenbefestigung des Körpers nicht mehr sehen können, schneiden Sie die Blätter kürzer. Suchen Sie die Mitte der Beine und biegen Sie sie um. Formen Sie einen Drahthaken, und stecken Sie ihn unten am Knoten in den Körper. Biegen Sie die Schuhe am Fußgelenk um, legen Sie die Beine auf den Haken und drücken Sie den Haken fest an die Beine.

Nehmen Sie fünf Blätter. Vier, um sie um die Beine zu wickeln, eins für einen ordentlichen Abschluß. Fangen Sie hinten an, wickeln Sie zwischen den Beinen, um ein Bein und um die Taille herum. Wiederholen Sie das mit dem zweiten Blatt bei demselben Bein. Arbeiten Sie dann das zweite Bein mit den beiden anderen Blättern. Legen Sie das fünfte Blatt oben und unten um und knicken Sie es der Länge nach. Legen Sie es so zwischen die Beine, daß die ordentlichen Kanten zu sehen sind.

Die Jacke des Mannes. Nehmen Sie acht Blätter, vier für das Vorderteil und vier für das Hinterteil der Jacke. Breiten Sie vier sich überlappende Blätter aus. Knicken Sie den unteren Rand 2 cm um. Legen Sie den Mann so auf die Blätter, daß der umgelegte Rand etwas unterhalb der Stelle ist, wo die Beine sich spreizen. Teilen Sie die vier Blätter hinter seinem Hals und legen Sie sie paarweise über die Schultern nach vorne. Stecken Sie alle vier mit farbigen Stecknadeln dort fest, wo sie sich in der Mitte der Brust kreuzen.

Legen Sie die anderen vier Blätter übereinander, knicken Sie sie unterhalb der Stelle, wo die Beine sich spreizen um und stecken Sie sie in der Mitte der Taillenlinie fest. Machen Sie zwei Paare aus ihnen, die Sie oberhalb der Taille in einem Winkel abknicken, so daß Rockaufschläge entstehen. Stecken Sie diese fest und führen Sie dann die Paare über die Schultern, stecken Sie sie im Rücken fest. Schneiden Sie die Blätter, die zu lang sind, im Rücken ab. Stecken Sie die Blätter unter den Armen fest. Arbeiten Sie einen Gürtel aus zwei zusammengebundenen Blättern.

Das Haar. Arbeiten Sie klaren Klebstoff in ein walnußgroßes Stück Maisseide. Nehmen Sie soviel Klebstoff, daß die Masse beim Kneten zwischen Ihren Fingern knirrscht. Formen Sie die gewünschte Frisur auf den Köpfen. Nehmen Sie für zusätzliche Locken kleinere Mengen Seide in passender Farbe. Lassen Sie alles trocknen.

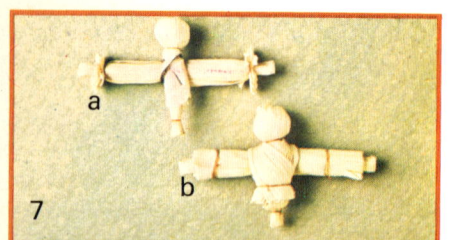

Oben: Die Arme werden am Körper befestigt
Unten: Ein reizendes Paar Maisblattpuppen

Wortverzeichnis

Ahle Ein scharfes Werkzeug das zum Durchstechen verwendet wird. Man wendet es auch zum Schaffen von Kanälen und zum Aufschlitzen des Rohres an.

Anschlußkante Eine Kante, die auf einer anderen in derselben Richtung angebracht wird.

Ansetzen Eine Art ein neues Stück Rohr einzufügen

Anspitzen Dabei wird das Ende des Rohrs angespitzt.

Aufrichten Ein Geflecht, das dazu verwendet wird, die Form eines Korbes ab dem Boden in Aufrechtstellung zu bringen.

Aufstaken Das Einsetzen der Staken in den Boden.

Basis Der Boden eines Korbes mit ungerader Anzahl von Löchern.

Bogen Unterbau eines Griffes

Bogenkante Am meisten verwendeter Abschluß, oft auch Gewebekante genannt, da sie von den Korbmachern am häufigsten verwendet wird.

Diagonal-Geflecht Eine Variante des Fitzens

Dichter Abschluß Eine Abschlußmethode, bei der die geflochtenen Runden ganz stramm und dicht gearbeitet werden.

Durchstecher Ein Werkzeug, so groß wie ein Nagel, mit dem Löcher eines Stuhles gesäubert werden, den man mit neuem Rohrgeflecht versehen möchte.

Fitzen Ein besonders stabiles Geflecht, das gerne nach Hohlräumen verwendet wird, da es die Staken fest umfaßt.

Flechtrohr Ein einzelnes Stück Rohr oder Binse, mit dem geflochten wird.

Form Ein geeignet geformter Gegenstand, der als Grundform für Körbe, Hüte usw. bei Strohgeflechten und Binsenarbeiten benutzt wird.

Fuß oder Sockel Gesondertes Arbeitsstück, das für den Boden eines Korbes verwendet wird.

Fußkante Eine Kante, die auf den Sockel kommt, oder auch bei einem Korb mit Holzboden verwendet wird.

Kettenpaar Eine Flechtrunde vorwärts und eine rückwärts mit zwei Flechtrohren. Man verwendet sie, um das Ausbiegen ovaler Arbeiten zu vermeiden.

Kimmen Eine besonders feste Flechtart, die am unteren und oberen Rand angewandt wird.

Köpern Dekorative Variation des Zäunens; das Flechtwerk wird dicker und bekommt einen leichten Spiraleffekt.

Paaren Ein Geflecht, bei dem zwei Flechtrohre verwendet werden, man benutzt sie meist beim Herstellen von Böden.

Pfriem Ein Werkzeug zum Auseinanderschieben der Staken, zum Regulieren der Fäden und zum Aufschlitzen des Rohrs.

Peddigrohr Beim Korbflechten verwendetes Material. Es ist in verschiedenen Stärken erhältlich und wird aus der Rotangpalme, einer Kletterpflanze südostasiatischer Herkunft, die beträchtliche Längen erreichen, hergestellt.

Rand Schmuckkante

Rappier Ein Werkzeug zum ausgleichen der Arbeit; wird auch für einen dichten Abschluß angewandt.

Rippe Ein Geflecht mit 3 oder mehr Flechtrohren.

Rippenabschluß Phantasiegeflecht mit einem Flechtrohr

Rück-Kante Eine Kante, die auf einer anderen aufgebaut wird; dabei wird jedoch in entgegengesetzter Richtung geflochten.

Runde Ein kompletter Arbeitsgang

Rundzange Werkzeug zum Abschneiden des Rohrs.

Schraubblock Dieses Werkzeug wird bei quadratischen Arbeiten angewandt.

Seitenschneider Wird zum Schneiden von Rohr benutzt.

Spirale Wird zur Verzierung von Binsenarbeiten angewandt.

Stake Dickes Rohr, das als Gerippe verwendet wird.

Trac-Kante Schmuckkante

Umgekehrtes Paaren Ein Geflecht mit zwei Flechtrohren, jedoch genau das Gegenteil von Paaren, bei dem die beiden Flechtrohre versetzt eingezogen werden.

Zäunen Schnelle Flechtart, bei der nur ein Faden benutzt wird.

Zopfrand Schmuckrand

Register